LOS SIETE PECADOS CAPITALES

DE UN

PADRE

DANIEL DE LEÓN

CON EUGENIO ORELLANA

PRÓLOGO DE BILL McCARTNEY

BETANIA

Un Sello de Editorial Caribe

© 1996 EDITORIAL CARIBE
P.O. Box 141000
Nashville, TN 37214-1000, EE.UU.

ISBN: 0-88113-410-4

Impreso en EE.UU
Printed in U.S.A.

E-mail: 76711.3125@compuserve.com

2ª Impresión

Prólogo

Al escuchar a Daniel de León hablar en las conferencias de «Cumplidores de Promesas» en Nueva Orleans en 1996 sobre el tema de la paternidad, me di cuenta de que no solo tenía mucho que decir, sino que sus palabras las inspiró el Dios todopoderoso. Habló autoritaria, convincente y conmovedoramente de la tremenda necesidad que tiene nuestra sociedad de padres piadosos y, como resultado, creo que miles de hombres partieron a sus hogares con el firme propósito de mejorar en cuanto al amor que dan a sus esposas e hijos.

Como aun la prensa secular reconoce hoy, no hay como una familia de dos padres, fuerte, estable, amorosa para criar hijos saludables. No en balde muchos de los problemas que afectan a nuestra juventud —delitos violentos, suicidio, promiscuidad, hijos naturales, aborto, alta incidencia de enfermedades venéreas, drogas, alcoholismo, pobreza, alta tasa de deserción escolar y muchos otros— pueden atribuirse directamente a la falta de buenos padres en el hogar. Se estima que un setenta o un ochenta por ciento de los presos (incluso mujeres) o no tuvieron padres o tuvieron padres abusadores. Como entrenador de fútbol americano por más de veinte años, constantemente y cada vez más me encontraba con jóvenes de talento que tenían problemas de disciplina, moralidad, orientación y autoestima que veían en mí la «figura de un padre» en sus vidas. Para muchos, sus relaciones con un entrenador era lo único que más se aproximaba al padre que nunca conocieron. Como quizás nunca antes en la historia (al menos en la historia de Estados Unidos), los padres están «soltando la papa caliente» en lo que se refiere a criar a sus hijos.

Creo que este libro de Daniel de León, *Los siete pecados capitales de un padre*, será de mucha utilidad a cualquier hombre que quiera leer sobre cómo ser un buen padre. Retomando el tema que dejó en la conferencia de Nueva Orleans, identifica con plena claridad los siete aspectos en que los hombres fracasan como padres. Presenta estrategias bien eficaces que los capacitarán para salvar estos obstáculos y ser los padres que Dios los llamó a ser. Al leer este libro, verá frente a frente temas difíciles, pero si usted de veras quiere ser un mejor padre, se sentirá recompensado. Que Dios lo bendiga al cumplir la Promesa #4 de un cumplidor de promesas: «Construir matrimonios y familias sólidos mediante el amor, la protección y los valores bíblicos». Este libro le ayudará a cumplirla.

Bill McCartney
Fundador de
«Cumplidores de Promesas»

Contenido

Introducción

En un importante segmento de nuestra comunidad latinoamericana, el machismo a la mexicana ha llegado a ser casi una institución.

El cine, más que quizás cualquiera otra expresión artística, lo ha exaltado hasta convertirlo en una especie de mito. Mito de la hombría, del que con un par de tragos en el cuerpo no le tiene miedo a nada y arremete y se lleva a quien sea por delante, del que trata de aclarar dudas a lo que es disparos. Del que hace de la cantina su hogar y de su casa el cuartel general de sus prepotencias. De su mujer una esclava indefensa y sumisa, y de sus hijos, aterrorizados subalternos. ¡Vaya mito!

Pero la imagen del machista no tiene solo connotaciones frívolas. Más bien habría que lamentar el daño que ha causado a la sociedad esta caricatura de uno de sus pilares de sustentación: la paternidad.

Porque el machismo, nuestro machismo, trátese de aquel de revólver al cinto y caballo fuera de la cantina o de ese otro de cuello blanco y automóvil último modelo a la puerta, por igual corroe la base estructural de la sociedad latina. Y, como quiera que se manifieste, es en buena medida el culpable de muchas de nuestras desgracias.

El machismo «bien llevado» —y el «mal llevado»

destruye hogares y pisotea honras femeni-
s una fábrica de hijos frustrados y potenciales
s fracasados que trabajan las veinticuatro horas
a.

sde mi adolescencia —para no ir más atrás, que
podríamos ir— he alternado con esta realidad.

latino y, afortunadamente, crecí en un hogar
onde el jefe de la casa era mi padre, pero donde el
resto de la familia, mi madre y mis siete hermanos,
nos beneficiamos de su liderazgo que era serio, reflexivo, responsable. Allí, el que mandaba era él, pero
era él, también, el que nos amaba, el que nos comprendía y apoyaba. El que jamás dejaba de velar por
su familia. Mi padre amaba a mi madre, y ese amor
se manifestaba en honra, respeto y protección. Honra, respeto y protección que nos cubría a todos sus
hijos.

Mi padre ya no está con nosotros, pero el recuerdo
de su liderazgo sigue inspirándonos. El viejo era una
roca forrada en terciopelo. Ejercía su autoridad con
mano firme, pero cuando el pequeño Danny buscaba
refugio en sus brazos, lo acogía con el más cálido de
los afectos, y al secar una lágrima o acariciar una
mejilla, esa mano ruda se hacía suave y amorosa. O
cuando mis hermanos o yo acudíamos a él, nos
escuchaba, consolaba, animaba; nos mostraba el camino del éxito, de la vida digna; el camino que con-
duce a un hogar feliz. Ese era mi padre.
Emprendedor, inteligente, pero por sobre todo, dispuesto a defender a su familia de influencias dañinas
internas y externas. Para eso era una fiera. No dejaba
que nadie tocara a los suyos.

Se espera que de un padre así surjan hijos ejemplares. Y esa es una de las premisas que recorren de principio a fin este libro. Pero a veces, la vida tiene sorpresas. Yo mismo lo fui por mucho tiempo. Permíteme explicarte en forma sucinta.

En la relación padre-hijo hay en acción dos partes, cada una de las cuales tiene su propia individualidad. Y por ese factor imponderable, a veces estas dos partes actúan descoordinadamente, pese a estar regidas por el principio causa-efecto, aceptado y comprobado por la ciencia y la religión. En mi caso, debo reconocer que mi padre hizo un excelente trabajo; sin embargo, lo que él sembró, tardó un poco en producir frutos. O, dicho de otro modo, el buen efecto de una buena causa no se manifestó con la premura que era de esperarse.

Aunque por razones diferentes a la mayoría, fui un muchacho rebelde que, como tantos jóvenes *tex-mex* de este país, en mi adolescencia me involucré en pandillas. El caso mío, sin embargo, fue particular. Porque no andaba buscando algo que mi hogar no me lo estuviera dando. No buscaba un padre sustituto porque como he dicho, tenía uno imposible de reemplazar por alguien mejor. No buscaba comprensión o cariño, porque en casa lo tenía, y de sobra. No buscaba un lugar desde donde expresar mi odio, mi frustración, porque no tenía ni odios ni frustraciones. No buscaba a una madre que me cuidara porque la que tenía era la madre más buena del mundo. No buscaba relación con hermanos postizos, porque en casa los tenía, y mis hermanos y yo éramos más que hermanos, éramos amigos.

Mirando ahora a aquellos años, podría afirmar que lo que buscaba era una forma de encauzar mis arrestos de líder. Quería mandar, ejercer autoridad, dar órdenes. Y para eso me involucré en pandillas. Tuve mi grupo, ejercí autoridad al estilo de las pandillas e hice casi todo lo que hacen los pandilleros, incluso entrar en conflicto con la ley. Me detuvieron en varias ocasiones. No fui a prisión solo porque un juez compasivo y que conocía a mi padre a quien respetaba, un día me dijo: «Si te castigo por todos los cargos que tienes acumulados, no te va a librar nadie de la cárcel. Así es que, en honor de tu padre, a quien respeto y sé que ha sido un buen padre para ti, te voy a condenar por el primero, y los otros tres (sí, eran cuatro los cargos que había contra mí) quedarán saldados por el cumplimiento de la pena a aquel primero. Te condeno a que abandones el estado [de Texas]. Te vas a ir y vas a tratar de rehacer tu vida en otra parte. Porque si permaneces aquí, o vas a matar a alguien, o alguien te va a matar a ti». Así es que me fui a Nuevo México. Ostracismo ateniense en versión moderna. Me echaban de la ciudad que era mi casa y me daban el mundo por cárcel.

Tendría que irme, y rápido. Me fui, pues, algo así como se fue el hijo pródigo de una casa donde lo tenía todo, comenzando por el amor de su padre. Me iba, como ocurre con todos los que se aventuran por los peligrosos caminos de la rebeldía y el delito, fracasado.

Al partir, no pensaba en el dolor que estaba causando a mi madre y a mis hermanos. Pensaba en los deseos de seguir viviendo. Eran aquellos, tiempos de confusión, de desorientación.

Cuando tenía veintiún años, se produjo la conversión de mi vida. Fue como si todo lo que mi padre había sembrado en mí se transformara de golpe en una fuerza irresistible que me hizo dar un giro de 180 grados. Comenzaba una vida nueva. A partir de ahí, mi padre empezaría a cosechar. Su enseñanza, su mano dura y su amor tierno; su estilo tan especial de paternidad habrían de inspirarme y determinar mi propio estilo. Éste, a su tiempo, habría de activarse en mis hijos, y en los hijos de sus hijos hasta la tercera y cuarta generación. La maldición divina pero hecha bendición.

Sí. Hijos. Dios nos dio tres. Tres varones a los que amo como nos amaba mi padre, y a los que he formado según el diseño en el que mi propio padre se inspiró. Ya hablaremos de ellos en algún punto de este libro. Porque ellos también tienen su historia que contar y, por lo demás, son los testigos de que lo que digo es la verdad. Claro, junto con mi esposa.

Mi esposa. ¡Qué mujer me dio Dios! Como le ocurría a mi padre, mis piernas se hacen gelatina cuando la miro a los ojos para decirle «te quiero». Bueno, en honor de la verdad, todavía estoy firme sobre mis pies cuando se lo digo. La gelatina comienza a temblar cuando leo en su mirada una respuesta pronta, confiada, alegre, feliz. «Yo también te amo, mi amor».

Hoy, cuando ya he transitado un largo camino, acompañado de Ruth, mi amada; cuando ya hemos criado y formado a tres hijos, y cuando ya podemos disfrutar de la alegría de sentar a nietos en nuestras rodillas, salgo con este libro. ¿Por qué? ¿Y por qué no? Creo reunir los requisitos para hacerlo. Fui y sigo siendo hijo (mi madre aun vive y es otra de las luces radiantes que alumbran mi camino). Me casé, formé un hogar, crié hijos, soy pastor y como tal, oyente, confidente y consejero de cientos y quizás miles de personas que han venido a mí buscando una palabra de apoyo. ¿Algo más? Bueno, permíteme resumir este «algo más» en los siguientes cuatro puntos:

El primero, mi experiencia como líder juvenil.

No dejo de pensar que aquellos años de rebeldía y pandillerismo a los que he hecho mención más arriba fueron una escuela en la que Dios me mantuvo para prepararme para el liderazgo sano y constructivo que habría de ejercer más tarde. Hay un versículo que Dice: «Todas las cosas ayudan a bien a los que aman a Dios». Por aquellos años yo amaba a Dios aunque no tenía clara conciencia de ese amor, como llegué a tenerla más tarde.

Durante siete años fui dirigente juvenil en un área que comprendía 28 estados de los Estados Unidos. Esto me permitió alternar con miles de jóvenes, conocer sus problemas, saber de sus frustraciones y compartir sus esperanzas. Durante ese tiempo hice muchas preguntas y recibí cientos de respuestas. Muchas de las preguntas y de las respuestas tenían que ver con el tema de este libro. Y cada vez llegábamos al mismo punto: Donde el padre ejerce una buena paternidad, la reacción de sus hijos es positiva. Y al contrario: Donde el padre no logra —por incapacidad o por falta de voluntad— ser la clase de padre que debe ser, la respuesta de los hijos es negativa.

Llegué a descubrir, y lo ha confirmado mi posterior experiencia, que en casi el 100 por ciento de los casos de jóvenes delincuentes, la causa está en la falta de un padre y líder y, por ende, en hogares enclenques y deficitarios. Este tipo de hogares es el caldo de cultivo desde donde salen jóvenes frustrados que chocan con violencia contra las duras paredes de la ley. Y que hoy llenan las cárceles, reformatorios y otros centros de restricción de la libertad. O que matan o se dejan matar cuando deberían estar apenas empezando a vivir.

La realidad de hijos conflictivos muy pocas veces apunta a la madre. Casi siempre el dedo acusador se alza contra el padre. Y esto es así porque —como lo veremos en repetidos pasajes del libro— el jefe del hogar, la cabeza del núcleo familiar, es el padre. Así lo instituyó Dios cuando institucionalizó la célula básica de la sociedad humana, la familia. Hay situaciones —muchísimas más de las que debiera haber— en que la madre debe ejercer ambas funciones, por ausencia del padre o porque éste sencillamente nunca asumió su responsabilidad. En tales casos, las consecuencias son igualmente frustrantes.

El segundo, mi experiencia como pastor.

Podría decir que durante 20 años no ha pasado ni un solo día sin que alguna variante de este asunto no haya reclamado mi atención. He visto prosperar en su vida familiar a parejas que casé hace mucho tiempo. El esposo ha asumido su rol, ha seguido amando y protegiendo a su esposa, ha sido la cabeza sabia del hogar, ha dado la atención adecuada a sus hijos y todos siguen unidos y en prosperidad. Estos casos me llenan de alegría y de ánimo para mantener vivo y activo este segmento de mi quehacer pastoral. También he visto parejas que tuvieron un idéntico comienzo pero que terminaron mal. Muy mal. Y casi sin excepción, todas las circunstancias apuntan al mismo problema: la falla del padre en desarrollar la adecuada función como cabeza del hogar. Estas son las situaciones que me apenan y hacen difícil mi trabajo. Porque sé que muchas de esas familias están a solo un paso de lograr la felicidad, pero el padre no lo ve así. Y no tiene voluntad para dar ese paso. En otros muchos casos, la situación es irreversible. Ya la oportunidad de cambiar el rumbo del hogar se fue. Los hijos crecieron, llegaron a adultos y, a partir de ahí, al padre solo le queda espacio para lamentarse por lo que pudo haber hecho y no hizo.

No hay duda, padres enérgicos logran buenos resultados. Pero la energía debe aplicarse en un contexto de amor, comprensión, intercomunicación reflexiva. Y a tiempo. El verdadero liderazgo en la familia se inspira en el modelo de Dios. Dios es el líder supremo y en su liderazgo debe inspirarse el nuestro.

El hombre que a través de su vida ha honrado su posición; el que ha logrado construir una familia y tener el respeto de la comunidad, el que puede mirar a todos a la cara y resistir cualquier análisis, el que se puede parar ante su esposa y sus hijos sin recibir un reproche, tiene derecho —se ha ganado el derecho, diría mejor— de señalar problemas y aportar soluciones. Como los profetas de Dios, los hombres de bien tienen la misión de denunciar y anunciar. Denunciar la maldad y los atropellos a los derechos de las personas dondequiera que estuviere y fuera quien fuere que los ejerciera, y anunciar que la gracia de Dios está ahí, a la mano, para restaurar, para cambiar lo malo en bueno, lo bueno en mejor, y lo mejor en excelente.

El padre que actúa según la paternidad diseñada por Dios, ejerce su autoridad con amor. Se preocupa, delega, espera con paciencia. Cuida su territorio pensando en el bien común; reflexiona, ama, sacrifica sus intereses por los de la familia. No abriga deseos de venganza o castigo irreflexivo. Guía a sus hijos por lugares de delicados pastos; y cuando alguno se aleja siguiendo sus propios instintos, lo sale a buscar, grita su nombre por estrechas callejuelas o lugares despoblados; lo espera con brazos abiertos en una permanente actitud de amor y perdón, y cuando el hijo retorna al hogar, lo recibe con el más exuberante alborozo. «Porque este, mi hijo, muerto era, y ha revivido; se había perdido, y es hallado».

El tercero, mi experiencia como conferenciante.

He viajado por gran parte del territorio estadounidense, por América Latina y Europa. Y en todas partes, matices más matices menos, he descubierto que el problema es el mismo: la crisis que vive la familia. Y como causante de esta crisis, el fracaso del hombre en ejercer su liderazgo como esposo y padre. Cuántas veces me he encontrado con el mismo fenómeno: hombres que son líderes reconocidos en la oficina, en el club, entre sus amigos, pero que al interior de la familia son indecisos e inconstantes, prefiriendo echar sobre los ya recargados hombros de sus esposas las tareas que son exclusivamente de ellos.

Todo esto me indica que hay un clamor generalizado por soluciones reales y urgentes. Este libro no tiene la finalidad única de señalar los que a mi juicio son los siete pecados capitales del padre contra sus hijos, sino que ofrece soluciones. A siete pecados, setenta soluciones. Precisamente, la conclusión resume lo que creo que es la medicina para esta plaga que ha comprometido todos los estratos de nuestra sociedad.

Los *siete pecados capitales del padre contra sus hijos*, sin embargo, si bien se ha inspirado en un problema que es mundial, ha sido escrito pensando en el hombre hispano, el latino. Es mi pueblo el que me roba el sueño, el que me hace gemir de dolor, el que me inspira para seguir adelante en esta cruzada de bien común. Soy latino, pese a ser nacido y criado en los Estados Unidos. Sigo llamándome Daniel de León, aunque haya quienes por comodidad o por costumbre me llamen Danny. Sigo conectado con mi gente en México, en Perú, Honduras, Colombia, Bolivia, Argentina, España. Es el hogar hispano de los Estados Unidos el que me preocupa. En procura de días mejores para nuestras familias es que se escribe este libro.

Y el cuarto, el hecho innegable de ser padre de tres hijos.

Como cabeza del hogar y con la invalorable ayuda de mi esposa Ruth, logramos criarlos. Ellos ya son adultos. El tiempo de la formación pasó. Lo que se hizo, se hizo. Lo que dejé de hacer, ya no se hará. La oportunidad nunca más volverá a presentarse. La arcilla que una vez tuve en forma dúctil y maleable en mis manos, ya se ha secado, se ha endurecido. No puede volver a moldearse. Mi hijo mayor es padre de cuatro hijos. Es él quien tiene ahora arcilla dúctil y maleable en sus manos: las vidas de sus cuatro pequeños hijos. Cuando observo su comportamiento como padre, veo reflejado mi propio proceder. Lo que mi padre fue como padre lo fui yo y ahora lo es mi hijo. Él sabrá cumplir con su deber y a su tiempo, sus propios hijos continuarán el ciclo sano y constructivo en el que han sido formados.

En cuanto a los hogares en crisis y a padres que ejercen un liderazgo deficiente porque el modelo que tuvieron les falló, hay una forma de romper el círculo vicioso. Esa forma, como se analiza a lo largo del libro y se puntualiza en la conclusión, es seguir las pautas establecidas por Dios. Para hacerlo no se necesita ser un hombre religioso; sí es necesario tratar de entender el corazón de Dios, que es puro amor. Y hay una forma de transformar en bueno lo malo que encierra la sentencia de que «todo lo que el hombre siembra eso siega». Lee con atención las páginas que tienes por delante, y pon en juego tu voluntad de cambiar las estructuras familiares a través de un cambio de tu propia actitud. Te aseguro que hay días mejores para ti, tu hogar, tu descendencia. Y días mejores para la sociedad.

Daniel de León,
Santa Ana, California
Julio de 1996

Familia A

—Papá, a la mesa. Por favor, di a los niños que se laven las manos —se escuchó la voz de Alicia desde la cocina.

—Niños, a lavarse las manos y vengan a la mesa que la mamá ya va a servir la cena.

Juanito, Ester y Gloria, que jugaban en la sala, se pusieron de pie y corrieron al baño.

—Sin pelear, niños —se oyó la voz del padre—. Y cuiden de no botar agua al piso. Recuerden que tenemos que ayudar a mamá a mantener la casa limpia y ordenada.

Ya en la mesa, se tomaron de las manos, inclinaron la cabeza y guardaron silencio.

—Dios amoroso y dador de tantas cosas buenas —se oyó la voz del padre—, te agradecemos por estos alimentos y por la mamá que los ha preparado. Queremos que la cuides, le des paciencia y salud y muchos días de felicidad junto a nosotros. Ayúdanos a amarla y a protegerla todos los días. Bendice nuestro hogar. Y dales el pan a quienes no lo tienen. Amén.

—Amén —dijeron todos.

—La comida está deliciosa —dijo el padre.

—Sí. Está deliciosa —confirmó Gloria.

Alicia dirigió a su esposo y a sus hijos una sonrisa de satisfacción. Aquella forma de agradecerle sus esfuerzos era dulce melodía a sus oídos.

—Díganme, niños. ¿Cómo estuvo el día en la escuela hoy?

—Normal, papá.

—¿Y las tareas?

—Ya las hicimos.

—Muy bien, hijos. Los felicito. Después de la cena las revisaremos. —Está bien.

—Papá, ¿van a ir a verme jugar el sábado? —preguntó Juan.

—Podremos ir, ¿verdad, Alicia?

—Sí, sí, vamos —dijeron al unísono Ester y Gloria.

—Sí que iremos a verte jugar, hijo. Pero tendrán que ganar, ¿eh? —dijo, riendo, Alicia.

Después de la cena, Ester y Gloria ayudaron a la madre a lavar la loza y a dejar la cocina limpia. Mientras tanto, Juanito y su padre revisaron las tareas y hablaron un largo rato de las cosas del día. Después hicieron lo mismo con las de Ester y Gloria. A la hora de irse a la cama, el padre dijo:

—Hijos, a dormir. Mañana hay que levantarse temprano. Lávense los dientes, dejen la ropa ordenada y duérmanse pronto. Besen a mamá y papá.

Cuando los niños se acostaron y la casa quedó en silencio, Jorge y Alicia se dispusieron a comentar las experiencias del día. Sentados juntos en la sala, ella afirmó la cabeza en su esposo. Éste le pasó el brazo por sobre los hombros amorosamente. Hablaron un rato, y cuando quiso darle un beso en la frente, notó que Alicia se había quedado dormida. Era lo que a su esposa le gustaba hacer casi cada noche: cobijarse bajo el brazo fuerte de su marido. Aquello le daba una sensación de seguridad que muy pronto llamaba al sueño. Como casi cada vez, con todo cuidado Jorge la levantó en sus brazos y la llevó a la cama. El día había sido agotador y ambos necesitaban descansar.

Familia B

—¡Mujer! ¿Qué pasa con la comida? ¿Por qué siempre tienes que ser tan estúpida? ¿Hasta cuándo voy a tener que estar esperando?

—¡Ya va, hombre, ya va! Recuerda que solo tengo dos manos.

—Sí, dos manos tan torpes como tú. Todo lo haces mal. ¡No sé por qué te soporto!

—¿Sabes por qué me soportas? ¡Me soportas porque no vas a encontrar a otra tonta que te prepare la comida, te lave la ropa y te acepte en su cama!

—¿Dónde están los niños?

—En la calle, supongo. Miguel dijo que iba a llegar tarde.

—¿Tarde de nuevo, eh? ¿Qué pasa con ese jovencito? ¿Se cree un adulto con sus once años?

—Tú sabes. Sus amigos son más importantes que nosotros.

—Más importantes que nosotros. ¡Ya sabrá quién es su padre!

—Él ya sabe quién es su padre, por eso prefiere la calle.

—Y tú lo apoyas, ¿verdad?

—No lo apoyo, pero prefiero que esté allá afuera con sus amigos antes que expuesto a tus castigos por cualquier cosa.

—¡Mira, buena para nada! Los niños como Miguel de la única forma que aprenden es a golpes. Y a golpes tendrá que aprender a obedecerme, aunque tenga que matarlo. Así me educó mi padre, y así lo haré yo. Además, será la forma en que también tendrán que aprender Enrique y tu adorada Margarita. ¡Y pásame una cerveza!

—¡No digas tonterías! ¡Eres todo un hombre con los niños y con tu mujer! ¡Me impresiona tu valentía! —le dijo Margarita, mientras le traía la cerveza que Francisco le arrebató, furioso, de la mano.

Esa noche, como casi todas las noches, la cena en casa

de Francisco y Margarita comenzó con discusiones y terminó en pelea. Furioso porque sus hijos no estaban en casa, Francisco se levantó de la mesa antes de terminar de comer. Tiró lejos la silla, le gritó cuatro improperios a su esposa y salió a la calle en busca de sus dos hijos menores. A los quince minutos volvió con ellos. A Margarita la traía por el pelo, y a Enrique le daba de golpes en la cabeza y en la espalda. Llorando, los niños tuvieron que sentarse a la mesa donde su padre los obligó a tragarse la comida junto con sus lágrimas.

Para no seguir gritándose insultos con su esposo, Margarita se paró y se fue a su cuarto. Cuando volvió al comedor, sus hijos habían terminado de cenar, y su esposo ya no estaba. Volvería dos días después, ebrio y amenazante.

Sin dinero, sin trabajo, con dos hijos aterrorizados y un tercero que cada día se alejaba más de la casa, Margarita no veía una salida a su situación. Pensó en el divorcio, pero desechó la idea por amor a sus pequeños. ¿A quién acudir? ¿Dónde pedir ayuda?

Ofuscada y presa del miedo en el que por más de once años se había desarrollado su matrimonio, se quedó dormida en la sala.

Al día siguiente, la historia no habría de repetirse. Francisco no volvería ese día. Margarita suspiró al pensarlo. Las frecuentes ausencias de su esposo, que a veces se prolongaban por una semana o más, eran como un paréntesis de alivio a su dolor. Un alivio doloroso.

Maltratar a la madre de sus hijos

En los postreros días vendrán tiempos peligrosos. Porque habrá hombres amadores de sí mismos

«Y dijo Dios: No es bueno que el hombre esté solo; le haré ayuda idoneas para él».

CUANDO MARÍA PAZ pidió una cita para hablar conmigo, supuse cuál sería el tema de la conversación. Y no me equivoqué. Venía en busca de ayuda para su problema familiar, que se le hacía cada día más insostenible.

—¿Cómo la trata su esposo? —le pregunté, después de hablar un rato.

—Igual que a nuestros hijos. Por lo general, no me trata. Cuando lo hace, muchas veces recurre a la violencia y al ultraje. El aprecio y respeto que tiene por la mujer que les dio el ser a sus hijos no alcanza al cariño que cualquiera persona le tendría a su mascota.

La conducta de José Carlos, el esposo de María, no encajaba bien con lo que se esperaba de una persona como él. Era un hombre económicamente solvente, bien conocido y respetado en la comunidad. Las autoridades del estado en una ocasión lo habían distinguido como líder sobresaliente.

En la casa era diferente. Es cierto que suplía las necesidades materiales de su esposa, María Paz, y sus cuatro hijos, pero no tenía tiempo para ellos.

—¿Qué dice usted a sus hijos respecto de su padre?

—Que lo busquen. Que procuren que los escuche. Que lo comprendan. Les digo que lo quieran aunque él no se interese por ellos.

Luego añade con tristeza:

—Cuando está en casa, salvo que quiera acostarse conmigo, para lo cual sus órdenes deben cumplirse prontamente, su mente está allá afuera, en la comunidad. Aquello sí le interesa. Acá, donde vive con su familia, las cosas tienen que hacerse solas. No se percata que hay tareas que realizar que corresponden a él. No planea nada, y cuando le pido que haga algo, se molesta. Y llega a enojarse de tal manera que me maltrata de palabra delante de los niños, o delante de cualquiera que esté allí en ese momento. ¿Ha oído usted cuando alguien dice que barrieron el piso con él? Pues eso es lo que hace mi esposo conmigo: barrer el piso.

Quizás lo más triste es que José Carlos es hombre de iglesia. Es religioso. Es moral. Es modelo en la comunidad. Quizás a lo largo de su vida ha escuchado cientos de consejos y recomendaciones sobre cómo dirigir a la familia; pero su actitud ha sido de total indiferencia, como que lo que se dice no tiene nada que ver con él. Podría decirse que en la calle su luz brilla potente, aunque en su hogar reina la oscuridad.

Imágenes y perdedores

La esposa es la flor más bella que nos ha dado la vida. Es la luz esplendorosa del hogar. Por cuestión natural, los hijos la admiran de la misma forma que admiran a su padre. Cuando el padre la respeta, la ama, la protege y le demuestra con dulzura y fineza ese amor, los hijos se predisponen a ser esposos amantes y padres amorosos. Y a la inversa, cuando este la maltrata o, peor aún, cuando abusa de ella en la forma que sea, se desencadena en la mente de los hijos una sucesión de imágenes y sentimientos que en la mayoría de los casos son el punto de partida de tragedias futuras. Y muchos son los perdedores.

El primer gran perdedor es el padre

La ley de causa y efecto que mencioné en la introducción dice que todo lo que el hombre siembra, eso siega. En situaciones como la de José Carlos y María Paz, el primero que pierde es el padre, porque su actitud lo hace descender en la escala de valores de sus hijos. Los niños se preguntan: «¿Cómo es posible que papá trate de esa manera a mi mamá?» Es la primera gran decepción de su vida. La imagen de aquel hombre al que empezaban a admirar y que se erguía ante sus ojos como un héroe, «su» héroe, cae rodando al suelo. Trabajo les costará perdonarle que maltratara a la mujer que los tuvo en su seno, que los cuidó, que veló por ellos. Siempre lo recordarán como el que tiró por el suelo el refugio en que se sentían seguros.

El segundo gran perdedor es la propia madre

La madre pierde mucho en estos conflictos. En mi trabajo de consejería, con mucha frecuencia escucho de los hijos expresiones como ésta: «Una de las cosas que nunca he podido perdonarle a mamá es que dejara que papá la maltratara y también a nosotros». ¿Tiene ella la culpa? No. La culpa es de su esposo. La impotencia de la pobre madre se hace manifiesta cuando es arrollada verbal, emocional y a veces hasta físicamente por quien debiera ser su soporte, su punto de apoyo, el brazo fuerte y cariñoso de la casa.

El tercer gran perdedor son los hijos

La sabiduría popular ha acuñado una variante de la ley de causa y efecto que ya hemos mencionado anteriormente. La frase popular es: «Siembra vientos, y cosecharás tempestades». Es una frase que la sabiduría bíblica recoge cuando dice que la maldad de los padres tendrá repercusiones en sus hijos, en sus nietos, en sus bisnietos y hasta en sus tataranietos. Primera, segunda, tercera y hasta la cuarta generación.[1]

Es imprescindible que no lo olvidemos. Nuestras actitudes, palabras y hechos quedarán grabados in-

---

1   Éxodo 20.5.

deleblemente en nuestros hijos. Los varones, cualquiera sea su edad, procesarán en su mente una
ecuación trágica: «Si papá trata así a mamá, quiere
decir que las mujeres no valen mucho». Y las mujercitas llegarán pronto a una conclusión igualmente
fatal: «A veces soy importante, y a veces, no. A mí me
van a tratar igual que papá trata a mamá».

Cualquiera creería que uno puede dar cuatro gritos
a la esposa y dos bofetadas a los hijos y ahí para todo.
Es todo lo contrario: ahí precisamente es que comienza todo. Esos gritos y esas bofetadas seguirán resonando a través del tiempo. Como el eco, lo más
probable es que sigan repitiéndose hasta formar un
patrón de conducta tan fuerte que cuando los hijos
sean grandes harán que sigan resonando. A menos
que medie una fuerza correctora en el inconsciente
de los niños, esos patrones habrán de imprimirse en
sus mentes y se repetirán en ellos cuando sean padres
o madres. Tú mismo quizás seas la caja de resonancia
y el repetidor de anteriores gritos y bofetadas.

¿Habías pensado en eso?

El cuarto gran perdedor es la sociedad

Dice la Biblia que la maldad de los padres tendrá
repercusiones en sus hijos, en sus nietos, en sus
bisnietos y hasta en sus tataranietos. En otras palabras, sobre la primera, la segunda, la tercera y la
cuarta generación.

La Biblia lo dice, y es cierto. En los capítulos
siguientes, e incluso en las próximas líneas de este
mismo capítulo, vamos a ver cómo la comunidad
humana misma recibe, multiplicados por mil o por
millones, los efectos de aquellos gritos y aquellas

bofetadas. Es la sociedad que lucha por mejorar sus propios niveles de vida la que tiembla, se resquebraja, amenaza con venirse al suelo por la acción de sus propios componentes que, como quintas columnas o caballos de Troya, la atacan desde adentro.

Las actitudes de José Carlos, por ejemplo, tienen ya grandes repercusiones, y lo que se perfila no es bueno. Ahora que es viejo, ninguno de sus cuatro hijos tiene el más mínimo interés en él. (Fíjese que estoy que estoy hablando de «interés» y no de amor, porque el amor, si es que alguna vez lo hubo, hace años que se marchitó y se secó.) Ni siquiera conoce a sus nietos. María Paz, su esposa, lo abandonó. Se juntó con otro hombre. Decepcionada de la vida, se alejó de todos, incluyendo a Dios.

El hijo mayor va ya en su segundo matrimonio, y es una copia al carbón de lo que fue su padre: abusa, grita, maltrata, no cumple con sus responsabilidades en la casa. Su primera esposa lo abandonó, como lo hizo su madre con José Carlos.

Una de las hijas es lesbiana, y vive su vida como tal. La otra hija tuvo hijos sin casarse, y aunque ha logrado juntarse con el padre de sus niños, la relación va tan mal que no augura una larga permanencia. En esa familia, los ecos de los gritos y las bofetadas no han dejado de resonar.

La cuarta hija sigue soltera y odia a los hombres. Asegura que nunca se casará y si lo hace, se gozará en hacer sufrir a su marido.

Ninguno quiere saber de la iglesia, ni de religión, ni de Dios.

José Carlos arrastra los pies al caminar. Se ve encorvado. Tiene el rostro sombrío y una mirada perdida. Está avejentado, pero no es debido a su edad, sino a la carga pesada y dolorosa que lleva sobre su conciencia día y noche.

Sigue asistiendo a la iglesia, pero ya no es ni la sombra de lo que fue. La imagen de aquel imponente líder comunitario al que todo el mundo respetaba y admiraba se diluyó en medio de las neblinas espesas de un transcurrir indolente. Ahora es un lastimoso feligrés que llega domingo a domingo a escuchar los mismos sermones, los mismos consejos, las mismas advertencias, las mismas llamadas de atención que nunca quiso escuchar (o que si escuchó, creyó que iban dirigidas a otros, no a él). Se volvió a casar y ahora la que grita, atropella y golpea en la casa es su nueva esposa.

Todo esto no es porque no se le advirtió. En innumerables oportunidades lo invité a mi oficina. Le hice ver el problema, le hablé con toda claridad de sus deficiencias y le ofrecí sugerencias que le ayudaran a cambiar el rumbo de su vida y el de su familia cuando todavía era tiempo. Siempre mantuvo oídos sordos. Nunca quiso hacer nada.

Sin embargo, el círculo vicioso del abuso paternal no es inquebrantable. Es posible revertir los esquemas. Lee con atención y verás que lograrlo no es tarea de titanes. Es cosa de voluntad, de querer hacerlo, de desear días mejores para ti, para tu esposa, para tus hijos, nietos, bisnietos, tataranietos; para la sociedad humana en general. Es atreverse a pagar el precio, en la seguridad de que la recompensa será muchísimo más valiosa que cualquier sacrificio o aparente menoscabo de nuestro ego.

Hombres amadores de sí mismos

«En los postreros días», dice la Biblia «habrá hombres amadores de sí mismos». Como los postreros días serán tiempos peligrosos, y la Biblia habla de una relación estrecha entre los hombres amadores de sí mismos y los postreros tiempos, tenemos una ecuación simple:

hombres amadores de sí mismos = tiempos peligrosos

Es probable que podamos afirmar que a mayor número de hombres amadores de sí mismos más peligrosos los tiempos. Es importante, pues, definir al hombre amador de sí mismo.

En declaraciones que registran los Evangelios, Jesús incluye en el gran mandamiento («Amar a Dios sobre todas las cosas») el amar al prójimo como nos amamos a nosotros mismos. La enseñanza es clara: amemos a los demás con el mismo amor con que nos amamos nosotros. El amor a uno mismo es normal, natural, propio del ser viviente. Ese amor se da incluso en los animales y, si fuésemos capaces de percibirlo, seguramente que hasta en el reino vegetal.

Pero la expresión «amador» tiene aquí una connotación negativa. Según esta connotación, ser amador de sí mismo no es igual que amarse a sí mismo. El hombre que es amador de sí mismo no es aquel que se respeta, que se preocupa por su bienestar, por su salud, su presente, su porvenir. No es aquel que ama a su prójimo, ni es el que ama, honra y cuida a su familia.

¿Quién es entonces? El amador de sí mismo es el que establece un orden de prioridades en el cual él es el primero, el segundo, y el último. «Primero yo, segundo yo, y por último, yo». Es aquel que considera que lo único importante en la vida es complacerse a sí mismo y hacer que los demás lo complazcan. El hombre amador de sí mismo es egocéntrico, egoísta, despiadado, insensible hacia las necesidades de los demás.

Cuando el amador de sí mismo se transforma por la ley natural de la vida en esposo y padre, manipula personas, cosas y circunstancias a favor de su autocomplacencia. Pronto, su actitud irá delineando perfiles dentro del hogar que determinen el estilo de vida de sus componentes. Quizás llegue a actuar como aquel «macho» que, después de tres días de ausencia, llega a la casa con una provisión de cervezas suficiente como para emborrachar a un regimiento, se echa en la silla más cómoda de la sala y da ordenes a su esposa y a sus hijos para que le enciendan el televisor, le pongan las cervezas en el refrigerador y se las vayan trayendo de una en una. Y que no lo molesten ni le dirijan la palabra.

Hay hombres que a veces llaman desde la calle:

—¡Esta noche no llego a casa [y mañana tampoco] porque estoy con mis amigos —se oye la voz aguardentosa del padre a través del teléfono.

Y hay otros que cuando llegan, lo hacen pidiendo a gritos camisa limpia, traje planchado, baño desocupado para una ducha rápida, y luego, un portazo y de nuevo a la calle. ¿Los hijos? Que se encargue la madre. ¿La esposa? ¡Que calle y siga cumpliendo con su deber! Es probable que, como José Carlos, mantenga bien abastecida materialmente a la familia, pero ésta languidecerá en cuestiones destinadas a ser las más fuertes: las del equilibrio emocional y los valores permanentes.

Es posible comenzar de nuevo

Detectar a un egoísta no es difícil. Lograr que busque cura para su mal pareciera ser misión imposible. Solo hay un poder que puede poner las cosas en su lugar: el poder de Dios. Sin embargo, la persona tiene que tener la disposición de luchar en procura del cambio. Cómo dice la sabiduría popular en aquel conocido adagio que algunos atribuyen erroneamente a Dios, «¡Ayúdate, que yo te ayudaré!»

El amador de sí mismo que se transforma reconstruye su vida y la de los suyos. Empieza por comprender que las personas que componen su círculo familiar son eso precisamente: personas. Son personas que aman y necesitan ser amadas, que necesitan aprender a valorar y a ser valoradas, que necesitan disponer de los recursos intangibles que les permita establecer una equilibrada autoestima, que necesitan recibir los elementos básicos para ser transeúntes del lado positivo de la vida.

El amador de sí mismo necesita descubrir cómo es el amor verdadero. Hay un poema en prosa dedicado al auténtico amor que bien podría ser el marco dentro del cual el padre imparta vida al amor hacia su esposa y hacia sus hijos:

El amor es sufrido, es benigno; el amor no tiene envidia, el amor no es jactancioso, no se envanece; no es indecoroso, no busca lo suyo, no se irrita, no guarda rencor; no se goza de la injusticia, mas se goza de la verdad. Todo lo sufre, todo lo cree, todo lo espera, todo lo soporta. El amor nunca deja de ser.[2]

La mujer: complemento divino para el hombre

Seguramente habrás oído aquella vieja historia según la cual Dios, cuando creó al hombre y lo vio solo en el huerto, le pareció que estaba triste. De algún modo, estaba incompleto. Entonces, hizo a la mujer y se la dio

—Aquí tienes tu complemento —le dijo—. Es una mujer. La hice para ti. Vayan y sean felices.

El hombre se fue pero pronto volvió con la mujer y le dijo a Dios:

—Aquí te traigo a la mujer que me diste. Sencillamente no puedo vivir con ella.

Dios la aceptó de vuelta y el hombre se fue.

Al poco tiempo, volvió nuevamente y le dijo a Dios:

—Devuélveme a la mujer. La verdad es que no puedo vivir sin ella.

Dios se la devolvió al tiempo que le decía:

—Ámala más de lo que te amas a ti mismo, y verás que podrás ser feliz con ella.

Dios creó al hombre. Al hacerlo, le dio características propias y bien definidas: sentido de autoridad, voz de mando, capacidad de control, condición de líder, recursos mentales y físicos para ser gobernante y guerrero. Puso en su mente agudeza para defender y proteger a su familia. Echó sobre sus hombros la

---

2   Primera carta del apóstol San Pablo a la iglesia de Corinto, capítulo 13, versículos 4 al 7.

responsabilidad de proyectar la imagen de Dios a sus hijos. Cuando el padre cumple con esto, necesariamente sus hijos van a ver a Dios reflejado en sus padres.

Está probado científicamente que la mujer madura antes que el hombre. Cuando el muchachito todavía anda mirando las estrellas, la mujer ya está lista para asumir su responsabilidad como madre, como esposa y como ese cordón de oro que mantiene unidas y funcionando todas las partes del hogar. Así como Dios dotó al hombre de características propias y bien definidas, dotó también a la mujer —complemento del hombre— con sus propias características. La mujer es fina, delicada, amorosa, aguda, perspicaz, hermosa. Su fuerza está más en su carácter que en sus brazos; más en su mente que en sus biceps.

Si Dios no me hubiese dado la esposa que me dio, quizás no habría podido decir lo que estoy diciendo y muy probablemente este libro jamás se habría escrito. Al dar a mi esposa todo el valor que tiene, al amarla, protegerla y cuidarla, no solo me he beneficiado de la inmensa riqueza de su sabiduría, perspicacia y agudeza sino que:

a) He permitido que Dios se vea realizado en nuestro matrimonio,

b) He permitido que nuestros hijos vean a Dios reflejado en sus padres,

c) He podido cimentar un hogar firme, con hijos que irán repitiendo en sus propias vidas lo que vieron en mí,

d) He asegurado en un alto porcentaje la felicidad

de mis hijos, sus hijos, y los hijos de sus hijos, «hasta la cuarta generación»,

e) He podido acometer empresas y lograr metas que nunca habría alcanzado sin su ayuda.

Ella es mi brújula, mi calendario, mi termómetro y mi carta de navegación. Ella corrige mi rumbo, me advierte de peligros que yo no percibo, me anima a dar pasos de fe cuando soy presa de la incertidumbre. Es mi fuente inagotable de inspiración. Es la parte bella, suave, grata de mi vida. No solo responde con amor a mi amor, sino que toma la iniciativa para decirme en la forma que sea «te amo». No me canso de ver en ella la suavidad de Dios, la hermosura de su grandeza, la sabiduría de su juicio.

El identificarnos y fundirnos en una sola persona como lo hemos hecho no solo nos ha permitido inscribirnos entre los victoriosos de la vida, sino que como una célula básica de la sociedad, hemos podido hacer un aporte positivo para que las cosas en este mundo no sean peores de lo que son.

¿Sabes qué? No dudes que tu propia esposa tenga las mismas virtudes que la mía. Si has hecho como yo, tu experiencia necesariamente tiene que ser idéntica a la mía. Pero si hasta ahora no has dado a tu esposa el valor que tiene, no es tarde. Puedes romper el círculo vicioso. Lo que necesitas es voluntad para intentarlo. Lo demás viene solo. Dios es tu aliado. Y entre Dios y tú, pueden mover montañas.

Solamente busco a un hombre[3]

Mi búsqueda no es sencilla. He encontrado a mi paso amigos, enemigos, intelectuales, conocidos, pero aun continúo mi búsqueda, porque lo que yo deseo es solamente un hombre.

UN HOMBRE tan seguro de sí mismo que no tema a mi plena realización como mujer; que jamás me considere su rival en ningún aspecto, sino que sea para mí como yo para él, eternos compañeros.

UN HOMBRE que no tema a la ternura; que se atreva a ser débil cuando necesite detenerse a recobrar fuerzas para la lucha diaria; que no piense que al amarme lo derroto o que al amarlo me aniquila.

UN HOMBRE que me proteja de los demás y de mí misma, que conozca mis errores, los acepte y me ayude a corregirlos.

---

3   Entre mis papeles, sin identificación de ningún tipo, encontré esta hoja que encierra grandes verdades en torno a la esperanza que toda mujer tiene de encontrar al hombre que la ame, la respete y esté dispuesto a compartir con ella los más preciados regalos de la vida. Incapaz, pues, de identificar a su autor o su autora, lo cito como *de autor desconocido.*

UN HOMBRE que con cada amanecer alimente nuestro amor con delicadeza; que sepa que para mí, una flor entregada con un beso tiene más valor que una joya entregada por un mensajero.

UN HOMBRE con quien pueda hablar; que jamás corte el puente de comunicación; ante quien me atreva a decir todo lo que pienso sin temor a que me juzgue o que me ofenda; que sea capaz de decírmelo todo, incluso que no me ama.

UN HOMBRE que tenga siempre los brazos extendidos para que yo me refugie en ellos cuando me sienta amenazada e insegura; que conozca su fortaleza y mi debilidad, pero que jamás se aproveche de ella.

UN HOMBRE a quien lo domine el entusiasmo y ame intensamente la vida; para quien cada día sea un regalo inapreciable que se tiene que vivir plenamente, aceptando el dolor y la alegría con igual serenidad.

UN HOMBRE que sepa ser siempre más fuerte que los obstáculos; que jamás se desanime ante la derrota, y para quien los contratiempos sean más estímulo que adversidad.

UN HOMBRE que esté tan seguro de su hombría que no sienta la necesidad de demostrarla a cada minuto.

UN HOMBRE que no sea egoísta; que no pida lo que aun no se ha merecido, pero que siempre haga esfuerzos por tener lo mejor porque se lo ha ganado en buena lid; un hombre que goce dando y que sepa recibir.

UN HOMBRE que se respete a sí mismo, porque así sabrá respetar a los demás; que no recurra jamás a la burla y a la ofensa, puesto que más se rebaja el que las hace que el que las recibe.

UN HOMBRE que no tenga miedo de amar, ni se envanezca porque es amado; que goce cada minuto de amor como si fuera el último; que no viva esperando el mañana, porque tal vez el mañana nunca llegue.

¡CUANDO LO ENCUENTRE, LO AMARÉ INTENSAMENTE!

Familia A

Esa noche, cuando Jorge llegó a casa, su hijo Juan, ya de 17 años, lo estaba esperando. Y antes que pudiera saludar a su esposa Alicia y dar un abrazo y un beso a Ester y a Gloria, le dijo:

—Papá, quiero hablar contigo. ¿Podrías?

—Por supuesto, hijo. Solo permíteme saludar a tu madre y a tus hermanas.

Fue en busca de Alicia, que como siempre a esa hora se encontraba atareada en la preparación de la cena. La abrazó, le dio un beso y le preguntó: «¿Todo bien?» Alicia le sonrió y Jorge adivinó en su sonrisa que no había problemas mayores. Luego saludó a Gloria, que ayudaba a su mamá. Ester se encontraba en su cuarto, escuchando música. Respondió al saludo del papá y asintió con la cabeza a la pregunta: «¿Todo bien?»

No era la primera vez que Juan y su padre conversaban. Más bien lo hacían con bastante frecuencia. Cuando no era Jorge el que provocaba la charla, era Juan. Confiaban el uno en el otro, así es que tocaban todos los temas que les interesaran. Ahora, aunque todo parecía normal, había cierta inquietud en el ánimo de Juan.

—¿Vamos, mi querido joven?

Entraron al dormitorio principal, cerraron la puerta, y Jorge se dispuso a escuchar.

—Papá —comenzó Juanito—, tengo un problema que en realidad no es problema mío, pero que de todos modos me afecta. Quiero contártelo para ver qué me aconsejas.

A sus diecisiete años, Juan era especialmente sensible a los problemas de los demás. A veces, le preocupaban más que los suyos. Escuchaba pacientemente y nunca daba una opinión si no tenía el cuadro completo. Entonces, hablaba. Y cuando se sentía incapaz de decir algo coherente, recurría a su padre. Como ahora.

Jorge esperaba.

—Se trata otra vez de Catalina. Esta mañana la volví a encontrar llorando en uno de los pasillos del colegio. Le dije que me contara qué le ocurría y de nuevo se trata de su familia. Una verdadera tragedia. Su hermano José llegó anoche completamente borracho; aunque no maltrató a nadie, estuvo casi toda la noche llorando, tirado en el piso, preguntando por su padre. Su madre lloraba junto a él y al final, ambos se durmieron allí mismo. Ella había tratado de despertarlos para que se fueran a dormir a sus camas, pero su madre le había dicho: «No, hija, déjanos aquí. Mañana veremos qué se hace». Catalina los había dejado ahí, solos. Su hermano Carlitos y la pequeña Lucía no se habían dado cuenta pues ya dormían.

Era la tragedia de Catalina, condiscípula de Juan. Su padre los había abandonado hacia cinco años y aunque había vuelto una o dos veces, siempre lo había hecho ebrio. Ahora hacía un año y medio que no lo veían, y aunque sabían que estaba en la ciudad, era como si no existiera. José, su hermano de 15 años, amaba a su padre y era el que por eso mismo más había sufrido por el abandono que había hecho de su familia. No podía estudiar. No trabajaba. No tenía amigos. Lo único que hacía era beber, y cuando se emborrachaba no hacía otra cosa que preguntar por su papá.

—Papá. No sé qué decirle a Catalina. ¿Qué me aconsejas?

Jorge se mantuvo en silencio un largo rato antes de contestar.

Familia B

«No volveré nunca más a esta casa» se dijo Miguel, después de haber recibido otra golpiza de su papá. «Me iré para siempre, pero no dejaré abandonados a mi madre y a mis hermanos. Trabajaré para llevármelos y librarlos así de la tortura de vivir esta vida».

Miguel ya tenía 18 años. Sus intenciones, loables y dignas de llevarse a la realidad, chocaban sin embargo con el camino que había decidido seguir. Cansado de esperar que su padre le mostrara cariño, había buscado refugio en un grupo pandillero al otro lado de la ciudad. Allí se lo habían dado a la manera de ellos, como envuelto en una telaraña pegajosa y reiterativa. Para extraer aunque fuera un poco de cariño de aquel irritante envoltorio Tenía primero que ponerse furioso y querer vengarse con cualquiera, empezando con su padre. Era tal el esfuerzo que después se sentía él mismo más y más atrapado en esa telaraña.

Para liberarse empezó a usar drogas. Mientras duraba el efecto, se sentía eufórico; pero pronto, caía en una depresión tal que lo hacía buscar refugio en Adrián, aquel pandillero mayor que él que de alguna manera le brindaba la protección y el cariño que nunca había encontrado en su padre. Sin embargo, junto con protegerlo, Adrián lo sumía más y más en el fracaso y la desorientación. Para procurarse droga, primero había que procurarse dinero. Por supuesto, había que mandar a los «hijitos» a conseguirlo. Y uno de esos hijitos era Miguel.

Poco a poco Miguel se fue internando en la senda del delito. Primero fueron simples robos de cosas, de dinero; luego, asaltos a personas en la oscuridad de la noche. Más tarde, incursiones violentas en residencias y negocios. Hasta que un día, alguien murió en uno de esos asaltos.

Pero Miguel había huido antes de que ocurriera aquella muerte. No huyó por cobarde, ni porque le tuviera miedo a la sangre. Huyó porque el sabía que matar a una persona significaría para él una larga condena y pasar en la cárcel buena parte de su vida. Aunque en el código de la pandilla aquella posibilidad aparecía claramente configurada, a él lo asustaba. Era su segunda huida. La primera había ocurrido cuando huyó de casa; la segunda era esta, cuando huyó de su familia sustituta. Claro, sin contar la huida de su padre, que sería la tercera de su vida.

Quiso volver a su hogar, pero de nuevo no le resultó. Ya lo había intentado antes, pero siempre la experiencia había concluido igual: un encuentro con su padre que se aparecía cuando nadie lo esperaba, una discusión con él, y luego los golpes. Nunca había querido levantarle la mano. «Si lo hago», pensaba, «lo voy a matar. Y creo que ningún chico debe golpear a su padre, y menos matarlo, por muy malo que éste sea». Por eso soportaba el castigo, y cuando su padre, ebrio, se dormía en cualquier rincón de la casa, aprovechaba para abrazar y besar a su madre, a Enrique y a Margarita e irse.

«Algún día los sacaré de aquí», se decía siempre. Pero aquel «algún día» parecía solo una ilusión, porque en la medida que se hundía más en los vicios, menos posibilidades veía de realizar su sueño.

Y ahora que había huido de nuevo, ¿qué haría?

Desatender a los hijos

«Herencia de Dios son los hijos; cosa de estima el fruto del vientre. Como saetas en mano del valiente, así son los hijos habidos en la juventud. Bienaventurado el hombre que llenó su aljaba de ellos».

LLEGARON A LOS ESTADOS UNIDOS desde América Central. Damián llegaba dispuesto a hacer dinero. Había convencido a su esposa Irene que con un poco de esfuerzo y sacrificando algo de su estilo de vida centroamericano lograrían pronto tener cosas. Muchas cosas.

—Aquí tendremos lo que jamás habríamos soñado llegar a tener en nuestro país —le dijo, mientras se acomodaban en un pequeño apartamento de un solo cuarto.

Irene, un poco incrédula y tratando de controlar una serie de pensamientos grises, sonrió como queriéndole decir: «Sí, claro. Saldremos adelante». Sabía que aquel apartamento era todo lo que podían conseguir con el poco dinero que traían. No importaba. Ya tendrían algo mejor. Mucho mejor.

Damián e Irene no llegaban solos. Traían consigo a sus tres pequeños hijos, la mayor de las cuales, Juanita, no tenía más de nueve años. Rut, tenía seis; y Gonzalo, apenas dos. Como casi siempre ocurre con niños de tan cortos años, no habían entendido la decisión de sus padres de abandonar a sus abuelos, sus primos y tíos. Detrás habían quedado la casa humilde pero con calor de hogar, la vida entre rural y citadina, las montañas azules que uno parecía poder tocar con la mano, los árboles de mangos, de guayabas y de bananos, el perro, las correrías por el patio de la casa de la abuelita María y los cantos de los gallos por las mañanas. Y atrás habían quedado también sus amigos. Nunca más los volverían a ver. Pronto todas aquellas cosas pertenecerían a un pasado que se iría olvidando. Otras imágenes vendrían a grabarse en sus mentes. Habían llegado a los Estados Unidos. Pronto tendrían muchas cosas lindas.

Sin necesidad de buscar mucho, Damián encontró un trabajo. No era gran cosa lo que le pagaban, pero para comenzar estaba bien. Luego consiguió un segundo trabajo. Trabajar dos jornadas completas en veinticuatro horas es común para muchos hispanos en Estados Unidos. Hay que trabajar duro si se quiere ganar más dinero.

—Estados Unidos es el país de las oportunidades —le decía Damián a Irene—, y las oportunidades hay que aprovecharlas.

Y como las oportunidades no escaseaban, convenció a su esposa para que trabajara también.

—Así tendremos tres entradas, y podremos empezar a comprar las cosas con las cuales siempre hemos soñado —afirmó.

Aunque era el salario mínimo, nada le hacía. Lo que importaba era ganar un poquito más.

—Pero, ¿y los niños? ¿Qué hacemos con ellos? —le preguntó Irene.

No tuvieron que pensar mucho para encontrar la solución:

—Juanita cuidará de sus hermanitos. Ella siempre los ha querido mucho, y estoy seguro que lo hará con gusto.

Por supuesto, a la pequeña Juanita no se le pidió su opinión. Simplemente una noche, sus padres le dijeron:

—Juanita. Mañana la mamá empezará a trabajar y vas a tener que ayudar cuidando a tus hermanitos. ¿Está bien?

A su edad, ella no sabía discutir ni rebelarse, de modo que aceptó la orden en silencio. Pero, obviamente, no era solamente cuidar de los hermanitos. Había que alimentarlos, atender los demás deberes de la casa, incluyendo preparar la comida para cuando llegaran sus padres.

Pronto habría de ser solo su madre la que llegaba, porque Damián ya no llegaba a la casa, ni siquiera a dormir. Había descubierto que si se quedaba durmiendo en el trabajo ahorraría dinero en gasolina. Muy pronto, su vida consistía en trabajar, dormir en el mismo lugar, luego irse al segundo trabajo, y de ahí volver al primero. Comía donde fuera y visitaba su casa cuando podía.

Así pasó el tiempo. Pronto, en lugar de tener un automóvil, ya tenían dos. Eran usados, pero con un poco de esfuerzo llegarían a tener coches del año. Empezaron a llegar los muebles, varios televisores y cosas a las que fue necesario buscarles la utilidad un poco a la fuerza.

No tardarían mucho en reunir el dinero para comprar la casa soñada. La pudieron comprar más o menos como la habían soñado. La llenaron de muebles, se compraron un automóvil nuevo que llegó a ser el de Irene. Ya habría tiempo para cambiar el viejo y destartalado auto de Damián. Ya casi podían decir que habían alcanzado el famoso «sueño americano».

Lo que no habían notado era que poco a poco también fueron acumulando ascuas de fuego sobre sus cabezas. Cuando quisieron celebrar el triunfo económico con sus hijos, se encontraron con una sorpresa, la primera de una triste serie que habría de amargarles la vida para siempre. Juanita, la dueña de casa a los 9 años, la que «quería mucho a sus hermanitos», la que a la edad de jugar con muñecas había sido hecha una madre sustituta, no estaba por ninguna parte. En su lugar había una jovencita hermosa, pero amargada y rebelde. Su paso de la infancia a la adolescencia no lo había notado nadie, ni su madre. Su primera menstruación fue algo exclusivamente de ella. Ella se hizo las preguntas y, como pudo, ella misma se dio las respuestas. Nunca había podido entender esas ansias desorbitadas de sus padres de tener cosas.

Sin proponérselo, empezó a odiarlos. Odiaba a su papá, odiaba a su mamá, odiaba la casa y las cosas. Odiaba la vida. Aunque, para ser justo con ella, quizás debo decir que no era odio sino pena y resentimiento lo que llenaba su pobre alma. Darle forma de odio a su pena fue la manera de decir a sus padres que la habían maltratado, que la habían desatendido, que se sentía muy triste por lo que habían hecho de ella. «¡Todo esto lo compraron con mi vida, con mi infancia, con mi felicidad», se decía. «Creo que han pagado demasiado». Casi llegó a odiar a sus hermanitos; no lo hizo porque los había criado y había llegado a quererlos como a hijos.

Damián se dio cuenta un día de que algo había salido mal. En su ciego esfuerzo por conseguir cosas, había desgraciado a su pequeña Juanita. No obstante, cuando puso en la balanza la felicidad de su hija y todo lo que habían logrado acumular, incluyendo por supuesto la casa, no estaba seguro hacia qué lado se inclinaba.

La vida de Juanita siguió cuesta abajo. A los diecisiete años, y después de dos abortos en los que casi murió, Juanita decidió mantener el curso de un tercer embarazo. Se casó con el muchacho con quien había venido conviviendo. Resultó idéntico a su padre, aunque con el agravante de que no quería ni ver a sus dos hijos. El resto es triste también. Aparentemente buscando siempre el amor de padre que nunca tuvo, Juanita ha tenido reiteradas relaciones ilícitas.

Esta historia de Damián, Irene, Juanita, Rut y Gonzalo que conocemos muy bien no es ficción. Ojalá lo fuera. Como muchos de los casos expuestos en este libro, corresponden a casos reales tratados en mi consulta pastoral y a los que he dedicado muchas horas de consejería.[1] A veces, con la colaboración de

---

1 Mi archivo de pastor está repleto de este tipo de experiencias.

las personas involucradas, hemos conseguido revertir situaciones tristes y catastróficas. Otras veces, todo esfuerzo ha resultado infructuoso, especialmente por desidia, en especial de los padres. En casi todos los casos, hemos cambiado los nombres. Es uno entresacado de cientos y quizás miles de casos similares también muy conocidos por los líderes espirituales, sicólogos, sociólogos y las cortes juveniles de nuestros países. Pero, dejémosles por un momento, porque la historia sigue, y como la de Juan Carlos y María Paz, lamentablemente no tiene un final feliz.

Los hijos: ¿para amarlos o para odiarlos?

Muchas hijas, felices de tener un padre amoroso, dicen en sus cortos años: «Cuando sea grande, me voy a casar con papi». O: «Cuando sea grande, me voy a buscar un novio que sea como papá».

Lo que están expresando sin saberlo es que quisieran que ese amor de padre se perpetuara a través de la persona con la cual van a compartir la vida. Se sienten seguras, crecen confiadas. De alguna manera ven reflejado el amor de Dios en el amor de su padre. Y, por supuesto, no quisieran que aquello se terminara.

Cuando un padre ama a sus hijos, los cuida y protege, y por lo general mantiene esa misma actitud con su esposa. Con ello está proporcionando a la familia un equilibrio saludable que les permitirá desarrollar buenos hábitos.

Sin embargo, ser un padre bueno de corte tradicional parece no estar de moda en nuestros días. Aunque no hubiese una reconocida intención, el espíritu diabólico del mundo que nos rodea tiene como efecto colateral el rebajar los valores de la familia. La sociedad contemporánea occidental pareciera empeñada en distorsionar la imagen del padre normal. Lo vemos en la televisión y otros medios de expresión. El hombre de éxito, el héroe, el modelo que la televisión, las revistas para niños y los juegos computarizados promueven es por lo general un hombre solo, sin esposa y sin hijos.

Este concepto pareciera inyectar en el torrente sanguíneo de la sociedad la idea de que los hijos son un estorbo. No en balde cuando la pareja (dentro o fuera del matrimonio) se da cuenta de que su juego erótico termina en embarazo, en lo primero que piensa es en el aborto. Hay que deshacerse de ese estorbo que les impedirá disfrutar de la vida.

Y si no hay aborto, hay abuso infantil. Cuando un niño nace de una pareja así, no encuentra un mensaje de bienvenida, sino otro que dice: «No te queremos». Al niño se le maltrata por cualquier motivo. En su edición de 8 de octubre de 1990, página 48, la revista *Time* cuenta que cuando Rebeca, de dos años de edad, dejó caer accidentalmente su calzoncito al suelo, su madre y el amigo de ésta se pusieron furiosos. Furiosos, calentaron aceite de cocinar y la derramaron sobre la niña. Pasó una semana o algo así para que su madre, incapaz de soportar la hediondez de las piernas de Rebeca que se estaban pudriendo por la gangrena, la llevara al hospital. Después de un mes de tratamiento, los médicos lograron salvarle sus piernecitas y pudo salir para irse a un hogar sustituto. De allí, más tarde, se fue a vivir con la abuela de su padre, quien tenía espacio de más para ella en su casa porque sus cuatro hijos estaban en la cárcel».

El maltrato siempre tiene consecuencias graves.

Tal vez si se investigara el pasado de esta pareja tan cruel se encontraría a un padre abusador y a una madre igualmente abusadora. La niña que no tuvo una buena relación con su padre va a sufrir. Va a odiar a los muchachos, y va a querer maltratar a aquellos que quieran establecer una relación amorosa con ella. Muchas veces, esta reacción se canaliza a través de la prostitución y el lesbianismo. En el fondo de la intención de la joven que decide prostituirse, no está necesariamente el deseo de ganar dinero «fácil» ni de disfrutar de un placer carnal inagotable. Las investigaciones han demostrado que lo que la impulsa muchas veces es la búsqueda del amor de padre que nunca tuvo.

Es el círculo vicioso del cual hemos venido hablando. La falta de un buen padre crea deficiencia emocional y una muy baja autoestima, y predispone a la persona para cometer los mismos abusos de que es víctima. Es una seguidilla de tragedias que en no pocas oportunidades termina con el suicidio del niño o del adolescente si ha logrado sobrevivir hasta entonces. Con razón la revista *Time* informa en su edición del 8 de octubre de 1990 que alrededor del 10% de los adolescentes y el 18% de las mujercitas tratan de quitarse la vida a lo menos una vez.

Casos trágicos de niños desatendidos

Mientras la fábrica de padres y madres fracasados sigue trabajando sin descanso, los mismos que la mantienen activa luchan con problemas sociales que se extienden como una mancha de aceite en el mar. Basta leer la crónica roja para ver los resultados. Los diarios están llenos de casos trágicos en los que murieron inocentes y sufrieron personas, comunidades enteras e incluso países. En algunos de estos casos, ante la magnitud de los hechos cometidos, la capacidad de asombro de la sociedad ha llegado a su punto máximo.

Cuando Lee Harvey Oswald saltó a la notoriedad mundial por el asesinato del presidente de los Estados Unidos, John F. Kennedy, no se dijo mucho de su pasado. Pero se dijo lo suficiente como para saber que había sido un niño sin padre. Su madre, una mujer ella misma desorientada, había abusado de él en diferentes formas, haciendo de aquel niño un asesino en potencia. Como consecuencia de la falta de un padre y los problemas de su madre, su autoestima bajó a niveles tales que le fue urgente buscar notoriedad por cualquier medio. Lo consiguió matando al presidente de los Estados Unidos.

Sirhan B. Sirhan fue sentenciado en 1969 a prisión perpetua por el asesinato de Robert E. Kennedy. Maltratado por su padre, Sirhan había desarrollado una personalidad de fracasado. No tenía éxito en nada. Se dice que en el hipódromo de Santa Anita, en California, intentó convertirse en un jinete de caballos de carrera, solo para demostrarle a su padre que podía llegar a triunfar en algo. Pero pronto lo despidieron porque no tenía fuerzas suficientes para manejar un caballo. En 1969 en Los Angeles, California, buscando la notoriedad que le había sido tan esquiva, decidió matar de un tiro en la cabeza a Robert Kennedy, precandidato a la nominación presidencial por el Partido Demócrata. En un día alcanzó la fama que buscaba.

Sin embargo, en la historia de Ted Bundy hay

elementos diferentes. Por las características, el suyo tiene todos los elementos para calificarlo de caso típico de desatención por parte del padre. Había sido un hijo ejemplar y un brillante estudiante de leyes. Según sus propias declaraciones, nunca sufrió maltratos. No tuvo un hogar desmembrado. Al contrario, su hogar estaba bien constituido. Sus padres eran amorosos y sus hermanos, normales. Él mismo era un niño normal hasta que la pornografía empezó a crecer en su mente hasta convertirse en un monstruoso asesino. Pero su padre nunca se percató del cambio que se estaba operando en la vida de su hijo. (Esto nos hace suponer que muy pocas veces se sentó a charlar con él.) Cuando despertó a la realidad, ya era demasiado tarde. Bundy fue ejecutado en la silla eléctrica por haber violado y dado muerte a una niña de doce años. Sin embargo, en su bitácora de crímenes se llegaron a encontrar veintiocho mujeres y niñas a las que en un lapso de varios años había violado y asesinado. La ejecución en la silla eléctrica fue el sello con que se cerró uno de los casos más trágicos de la crónica criminal de los Estados Unidos.

El 27 de abril de 1996, la prensa informaba de un niño de 6 años enfrentado a cargos de intento de asesinato. El niño, utilizando sus pies, puños y luego un palo, golpeó «furioso» a un bebé de cuatro semanas de edad. El niño convicto había entrado a la casa del bebé junto con dos compañeritos de 8 años para robarse un triciclo. Declaró que la familia del bebé lo había molestado y lo había mirado mal por lo cual había decidido matar al bebé. Tuvieron que internar al recién nacido en el Hospital de Oakland, California. Presentaba fracturas en el cráneo y hemorragia cerebral. Los médicos dijeron que era casi seguro que quedaría con daños cerebrales permanentes.

En la corte, el niño no ocultaba su furia. Paseaba su mirada por sobre las cabezas de las personas sin mostrar otra emoción. En cuanto pudo, se dirigió hacia donde estaba su abuelo y lo abrazó. En el camino pasó junto a su madre, a la que ignoró. El padre estaba ausente.[2]

Padres buenos, abran los ojos

El síndrome de la desatención de los hijos no se manifiesta solamente a través de maltrato y violencia. Un padre puede hacerle inmenso daño a su hijo si lo descuida emocionalmente.

Los padres buenos están conscientes de que el enemigo entra por diversos medios a los interiores de su familia —ahora más que nunca con la televisión y la Internet—, y toman las medidas necesarias para contrarrestarlo. Pero es necesario que sepa qué hace su hijo fuera de casa. Muchos padres, en una actitud cómoda y negligente, dan por sentado que todo está bien, que no hay influencias externas perniciosas y que el rostro de niño bueno que muestra en casa lo retrata como una persona sin problemas. El caso de Ted Bundy es aleccionador. Detrás de su rostro tranquilo se escondía un asesino que habría de sembrar el terror en el ámbito universitario.

El efecto de la tremenda presión bajo la que se

---

2   The Orange County Register, sábado 27 de abril de 1996, p. 23.

encuentra la juventud de hoy día debido a los problemas del hogar no siempre se manifiesta pasivamente
con la formación de personas sin iniciativa, desorien-
tadas, opacas, desinteresadas. Si bien estos rasgos se
dan, y son muchas veces indicaciones inequívocas de
que algo anda mal en el hogar, la peor consecuencia
se da activamente. Los adolescentes son personas
que están despertando a la vida. Dentro de sus mentes y sus cuerpos se está generando una energía
arrolladora. Cuando el padre está cerca de sus hijos,
es capaz de mantener esa energía bien encauzada.
Pero cuando no es así, los desbordes son trágicos. Las
estadísticas, frías y objetivas, hablan por sí mismas.
Veamos algunas.

- El 80% de los hombres y el 67% de las mujeres
  ya son activos sexualmente a los diecinueve
  años. Lo que las estadísticas solo sugieren es
  que muchos de estas personas son activas
  sexualmente sin siquiera haber pensado en el
  matrimonio y en formar un hogar. El 50% de
  los muchachos afirman haber tenido su primera experiencia sexual a los 11 años.
- Cada año, más de un millón de muchachitas
  resultan embarazadas antes de casarse.
- En los Estados Unidos, el suicidio es la segunda causa de muerte en los adolescentes.

El sacrificio de una joven virgen

Si bien lo que nos dicen las estadísticas es alarmante,
la desatención de los padres por sus hijos en ocasiones se presenta con ribetes sencillamente horribles.

Tomemos un caso de entre los tantos que llegan a ocupar un espacio en la prensa nacional.

El 22 de julio de 1995, la joven Elyse Marie Pahler, de 15 años, desapareció de su hogar. Más tarde apareció muerta en lo que pareciera ser un rito satánico llevado a cabo por tres adolescentes, compañeros suyos de estudio.

Los tres muchachos que son acusados como los ejecutores del rito son niños de 15, 16 y 17 años de edad. Aparentemente, la niña fue elegida previamente debido a su condición de vírgen y a su inocencia. No participaba en ninguna de las actividades de sus compañeros, y pertenecía a un hogar donde se le cuidaba y protegía. Fue, según las investigaciones, una víctima absolutamente inocente.

Las informaciones de prensa nos dejan desconcertados. Según estas, hay evidencias de que los acusados adoraban a Satanás y lo glorificaban con las canciones que interpretaba su grupo musical. El sacrificio de Elyse Marie fue un intento para asegurarse una entrada al infierno. Después de raptarla, aparentemente la drogaron y la violaron. Por último, la ataron a un improvisado altar donde le quitaron la vida.

Los cargos que se presentaron contra los tres muchachos son, además de asesinato, violación, tortura y confabulación.[3]

---

3   El Nuevo Herald, Miami, Florida. Domingo 15 de mayo de 1996, p. 13A.

El valor de un niño

¿Cuánto vale un niño? ¿Una persona? Para los que mataron a Elyse Marie, la vida de la jovencita equivalía a un pase, una entrada, un tiquete al infierno. Pero en términos materiales, ¿cuánto vale?

En un intento por hacer conciencia sobre la gravedad del descuido de los niños, algunos investigadores han establecido valores monetarios para demostrar cuánto vale un niño en determinado país o situación. He aquí una muestra de lo que dicen:

- En el norte de Tailandia, un padre vendió a su hija de 10 años por 400 dólares para que trabajara como prostituta. Quien la compró la valoriza en 40 dólares por noche mientras se mantenga joven y saludable; sin embargo, su precio puede bajar rápidamente.

- En Nueva Delhi, un niño vale 85 centavos de dólar diarios, que es la paga que recibe por partir piedras en un turno de once horas. «Yo quería ser ingeniero», dice el niño mirándose sus estropeadas manos, «pero el tiempo para ir a la escuela ya se me pasó. Tendré que ser picapedrero toda mi vida».

- En la Ciudad de México los niños valen unos 2,80 dólares diarios, que es lo que se les paga por recoger desechos reciclables en los basureros municipales. En algunas ciudades de América Latina hay tantos niños abandonados por las calles que lo que valen es una bala que alguien les dispara para disminuir su número. Como matar ratas.

- En los Estados Unidos la forma de valorar a

un niño es diferente: muchos matrimonios jóvenes cancelan el procrear porque prefieren adquirir un auto deportivo. Y entre los grupos hispanos muchos niños que nacen son, como Juanita, abandonados a su suerte o sentenciados a ejecutar tareas que corresponden a sus padres.

El tema nos preocupa. Un número desproporcionadamente alto de pandillas son hispanas. Precisamente de niños que crecen en hogares donde falta el liderazgo paterno y donde la madre es incapaz de manejar trabajo, casa y familia, se nutren las pandillas de este país. El niño que opta por el pandillerismo busca el hogar que no tuvo y el padre que no conoció. La pandilla lo acoge en su seno, y el niño encuentra un padre en la persona del líder que exige obediencia y que a cambio ofrece protección, alimentación, alguna forma de cariño y cierto tipo de solidaridad.

Nuestra misión como padres

El padre tiene como misión valorizar a sus hijos. Y el niño sentirá que vale en la medida que se le proporcione el ambiente adecuado: cariño y atención de padre y madre, comprensión, apoyo. Cuando no se dan estas condiciones se producen muchas de las aberraciones que hemos mencionado más arriba y que mantienen a las cortes juveniles llenas de casos en espera de juicio y sentencia.

Demasiado a menudo, sin embargo, los padres se hacen de oídos sordos a las advertencias y los consejos. Juanita, la niña de nuestra historia que fue hecha mujer a la fuerza, trató de advertir a sus padres que su historia se repetiría en su hermanita menor, la que por entonces ya tenía dieciséis años. Sus padres no la escucharon, y al poco tiempo Rut quedó también embarazada. A diferencia de la actitud hacia Juanita, Damián culpó a Rut de su desgracia y la rechazó.

Muchos de los casos que incluyo en este libro forman parte de un voluminoso archivo de casos que he tenido que atender como pastor a lo largo de veinte años. (En la mayoría de los casos —calculo que en un 95%— quienes buscan ayuda son las madres. Los padres y esposos parecen rehuir la confrontación, quizás en un esfuerzo instintivo de proteger su machismo). En la mayoría de los casos aquella primera entrevista da origen a otras con ambos cónyuges o con las personas involucradas si no se trata de matrimonios. Las raíces del problema por lo general son las mismas: fallas en el liderazgo paterno. Al darle continuidad al caso, hablo con el padre con la mayor claridad, mostrando vías factibles para corregir la situación planteada. Lamentablemente, muchos de ellos no tienen la voluntad para transformarse en agentes de cambio y prefieren que todo siga igual.

Mi experiencia personal, como la de médicos, consejeros familiares, sicólogos, trabajadores sociales, abogados y jueces, es que romper el círculo vicioso no es fácil. En muchos casos se requiere una dosis doble de paciencia, mucho amor, trabajo duro y en equipo. Sin embargo, el punto de partida del proceso es la voluntad de intentar un cambio. Las viejas ataduras tienden a hacerse más fuertes con los años y los padres tienen miedo a lo que encontrarán si entran en el proceso. Pero temer a lo bueno que vendrá es tan insensato como tener miedo de encender la luz en una habitación que se encuentra a oscuras.

Familia A

Lo miró profundamente a los ojos, y le preguntó:

—¿Qué estarías dispuesto a hacer?

—No te entiendo la pregunta, papá —respondió Juan.

—Lo que quiero decir es que cuando te metes en algo tan serio como el problema de tu compañerita Catalina, debes saber hasta qué grado quieres comprometerte. Quizás no quieras que te altere demasiado tu propia vida. Si es así, con un consejo o una opinión bastará. Pero si estás dispuesto a dejar que los problemas de otros interfieran en tu tranquilidad y lleguen a trastornar incluso tu estilo de vida, la participación es diferente.

—La verdad es que no lo había pensado.

—Te lo digo, hijo, porque me he dado cuenta de que te preocupan bastante los problemas de otras personas. Hoy es Catalina. El otro día fue... ¿Cómo se llama ese amiguito que se pelea con todos y que incluso quiso pelearse contigo?

—Antonio.

—Sí, Antonio. Y antes fue ese niño Marcelo, y más antes Graciela. ¿Crees que vale la pena tomar tan en serio los problemas de los demás? ¿Piensas que vas a poder solucionárselos, o a lo menos ayudarles a solucionarlos?

—No sé, papá. Pero sí entiendo que si alguien viene a mí buscando algún tipo de ayuda, no puedo decirle cuatro palabras para sacármelo de encima y seguir viviendo como si nada. ¿Lo harías tú?

—No. Yo no lo haría.

—¿Entonces?

—¿Qué te parece si después de cenar planteas el caso a tu madre y a tus hermanas? Quizás entre todos podamos aportar alguna buena idea. Yo te podría decir ahora lo que pienso, pero creo que la forma en que tu vida sea afectada afectará también tu relación con nosotros. Así que todos tenemos derecho a opinar. ¿No lo crees?

—Sí, creo que tienes razón.

La reunión de familia en casa de Jorge era algo corriente. Se reunían para conversar, para ver algún programa especial de televisión, para analizar circunstancias que afectaran a todos o a alguno de los miembros, o para hacer planes conjuntos. Esta vez, tanto Alicia como Gloria y Ester dieron sus opiniones. En general, todos pensaban como Juan, en el sentido de que si alguien iba a ellos en busca de ayuda, había que premiar esa confianza ayudando a esa persona. Hubo diferencia de criterios en cuanto al grado de compromiso que se puede asumir en tales casos. La conclusión la dio el papá, cuando dijo:

—Lamentablemente, en estos casos no se puede saber con anticipación el grado de involucramiento que puede llegar a haber. Creo que debes buscar un primer contacto con José, tratar de ganar su confianza, y luego ayudarlo a salir de la situación en que se encuentra. Una vez que establezcas contacto con él, no podrás renunciar a ayudarlo, a menos que el propio José rechace tu ayuda. En tal caso, la empresa abortará pero no por culpa tuya.

Juan aceptó el criterio de su familia, pero dijo:

—Haré todo lo que pueda, siempre y cuando cuente con el respaldo de ustedes.

—Por supuesto —dijeron todos.

Familia B

Ya no eran dos sino tres los lugares a la mesa que permanecían vacíos. El padre hacía dos meses que no se aparecía por casa. Miguel, desde que había decidido abandonar al grupo de pandilleros, no había vuelto a visitar a su madre y hermanos, ni había llamado por teléfono ni escrito una carta. Su hermano Enrique, que el mes anterior había cumplido 15 años, había decidido salir a buscarlo. Esa noche solo estaban sentadas a la mesa las dos Margarita: madre e hija. No había mucho que comer aunque sí mucha tristeza. Enrique había decidido irse sin decirles nada. «Si se los digo no me dejarán ir», se había dicho, de modo que había optado por simplemente desaparecer.

Por cuestión de costumbre, la madre había seguido poniendo a la mesa el servicio correspondiente a sus dos hijos y a su esposo. Era como si así mantuviera encendida la llama de esperanza de que su esposo volviera algún día cambiado y arrepentido, y que sus dos hijos se reintegraran al hogar.

Más que triste, la casa se veía casi vacía. Además de trabajar algunas horas al día para hacer frente a las necesidades más elementales, Margarita se había ido deshaciendo poco a poco de las pocas cosas que había logrado reunir durante los veinte años de matrimonio.

—Mamá, ¿por qué se fueron Miguel y Enrique? —preguntó Margarita, con toda inocencia.

Su madre no respondió de inmediato. La atrajo hacia ella y la abrazó. Las lágrimas quisieron aparecer en sus ojos, pero las contuvo y le dijo, respondiendo indirectamente a su pregunta:

—Tu padre, hija, tuvo una infancia muy triste. Me costó entender su comportamiento hasta que un día me abrió su corazón y me contó que su padre nunca lo había querido. Después de haber nacido, tardó dos semanas en verlo. Su madre lo cuidaba y lo protegía porque temía que tu abuelo quisiera matarlo. No lo dejaba solo ni un minuto. Cuando creció y empezó a caminar, su padre lo apartaba de su camino a puntapiés, y cuando llegó el momento de ir a la escuela, fue su madre la que estuvo a su lado.

—¿Será por eso que mi papá nos trata tan mal?

—Tu padre tuvo tres hermanos. Tu abuelo los maltrataba a todos. Cuando tus tíos crecieron y tuvieron hijos, han sido igual de crueles con ellos. Por eso, precisamente, tu padre ha sido así. Por eso es que yo no he dejado de quererlo. Por eso he soportado todo lo que me ha hecho. Es cierto que hay ocasiones en que pareciera que no resisto más y me rebelo. Pero lo quiero. Y le tengo lástima. Siempre le dije que buscara ayuda, pero nunca quiso hacerlo. Cree que su caso no tiene solución.

—¿Tú, mamá, quieres que yo también lo ame?

—Por supuesto, hija. Tu padre es una víctima de lo que su padre hizo de él. Y si no lo perdonas, y si Miguel no lo perdona, y si Enrique no lo perdona, es muy posible que ustedes también sean como él cuando crezcan y se casen.

—¿Quieres decir que perdonar lo libra a uno de ser igual que él?

—Perdonar, hija, es lo que mantiene nuestro espíritu y nuestro corazón libre de odios. Y cuando no guardamos odios, podemos amar. Y al amar, se puede conseguir lo imposible. El amor todo lo puede.

Dar a los hijos cosas en lugar de amor

Necio, esta noche vienen a pedirte tu alma; y lo que has provisto, ¿de quién será? Así es el que hace para sí tesoro, y no es rico para con Dios (de las parábolas de Jesús)

Da buena educación al niño de hoy, y el viejo de mañana jamás la abandonará (de los Proverbios, de Salomón)

FERNANDO CRECIÓ EN UN HOGAR donde su padre expresaba sus sentimientos con rudeza y a veces hasta con violencia. Nunca le dijo «Te quiero», ni lo abrazó, como muchos padres lo hacen simplemente por el gusto de abrazar a un hijo. Pero sí le dio cuantas cosas quiso tener.

Cuando Fernando se casó, María Teresa, su esposa, se llevó una sorpresa. Descubrió que su esposo no era un adulto maduro, sino un niño grande al que le seguía agradando que le dieran cosas. Como en su casa nunca faltó el dinero, María Teresa nunca se opuso a que su marido tuviera todo lo que quisiera tener. Fernando fue acumulando cosas, por el solo placer de tenerlas. Le gustaban las guitarras: tenía diez. Le fascinaban las pistolas: tenía otras diez. Hasta donde le llegaba el gusto por los automóviles, siempre quiso tener el mejor. Y lo tuvo. En el matrimonio se hizo una costumbre que todas las semanas María Teresa —que en realidad con su actitud lo que hacía era prolongar el estilo de paternidad que había tenido su marido— le comprara algo. Lo que fuera.

Les nacieron dos hijas. El caso empezó a repetirse. Siguieron el modelo en el cual la vida de Fernando había sido diseñada. Las dos hijas tampoco carecieron de nada. Había que comprarles todo lo que se les antojara, grande o pequeño, costoso o barato, y siempre de la mejor calidad. Aunque las palabras «te quiero» y «amor mío» no se escuchaban en casa de Fernando y María Teresa, sí había abundancia de cosas. La vida de la familia giraba en torno a los bienes materiales.

María Teresa fue absorbida por ese estilo de vida. No solo llegó a aceptarlo, sino a cultivarlo. El modelo de vida del esposo se impuso en todos los miembros de la familia: en su marido, en sus hijas, en ella misma.

Con el tiempo surgió una variante. Las hijas crecieron y, a diferencia de su padre, pronto se hastiaron de las cosas materiales. Cuando la mayor se sintió capaz de expresar sus sentimientos, acusó con amargura a Fernando y a María Teresa de que en lugar de amor, cariño, atención y cuidados le habían dado objetos.

La hija menor fue un tanto diferente. Cuando formó hogar, se repitió el caso de sus padres, a su marido lo manejaba y regañaba como a un niño.

Los hermanos Menéndez, que al momento de escribirse este libro comienzan a pagar la pena de presidio perpetuo sin posibilidad de libertad condicional por el asesinato de sus padres, ocurrido hace algunos años en Beverly Hill, California, son fiel producto de lo que de ellos hizo su papá. Desde pequeños, el padre les enseñó que la meta suprema del hombre es hacer dinero. Él era su mejor ejemplo. Trabajando duro y pasando por sobre cualquiera barrera ética, había logrado amasar una fortuna de millones de dólares. Tenía todo lo que el dinero puede conseguir, y quería que sus hijos fueran triunfadores como él. «Deshá-ganse de todo aquello que les impida alcanzar su objetivo», les decía.

Los muchachos aparentemente absorbieron el consejo. En el momento que consideraron que sus padres eran un estorbo para llegar a ser también millonarios, los mataron a sangre fría en la sala de su residencia. El padre les había enseñado a tirar del gatillo cuando fuera necesario. Lo demás, era cosa de esperar cuando llegara el momento. Y llegó, solo que sus padres nunca se imaginaron que los estorbos serían ellos. Y los muertos, también. Hoy día esos muchachos, que de haber mediado otras circunstancias podrían estar terminando carreras universitarias, formando sus hogares y disfrutando de la compañía de sus seres queridos, languidecen en una prisión. Al decir de los medios noticiosos, no tienen ni un centavo del dinero que pensaban tener, ni tampoco posibilidad aparente de conseguirlo de aquí en adelante. Son muertos en vida, gracias al tipo de enseñanza que su padre les dio.

El varón: proveedor del hogar

La sociedad misma, dicen algunos, conspira contra la formación de hogares estables, y la ceremonia matrimonial misma es culpable. Casi rutinariamente, cuando se oficia una ceremonia matrimonial, se le recuerda al varón que él es el proveedor del hogar. La felicidad de su esposa y sus hijos y su propio éxito en la empresa familiar, se le dice, dependerán de la forma en que asuma su rol en tal sentido. Tal responsabilidad no es solo un deber, sino también un privilegio.

El concepto en sí es correcto. Sin embargo, en su aplicación las parejas suelen distorsionarlo. Al no tenerlo en su correcta perspectiva, se produce uno de los males graves de nuestra presente generación: que muchos creen que las necesidades del hogar se limitan a las cosas materiales. Hay padres que piensan que si sus hijos tienen alimento, vestuario y todos los juguetes que desean, estarán felices. Si la abundancia de dinero permite responder afirmativamente a cada demanda, parecen pensar, todo andará bien en el hogar.

Tal desenfoque trae problemas. A medida que el niño va creciendo, por mencionar un problema, los juguetes que empezaron como pequeños autos de miniatura van aumentando no solo de tamaño y precio sino también en peligrosidad. Si se descuidan, los antojos se convierten en bólidos que en manos de un niño grande pero inmaduro llegan a ser un arma mortal para quien se atraviese en su camino.

El padre debe saber que además de proveedor es forjador de futuro. Mi experiencia como consejero me ha hecho ver abrumadoramente que el hombre que llega al matrimonio con una buena formación, que tuvo un padre que mantuvo el equilibrio en cuanto a llevar al hogar todo lo que éste necesita, tiene éxito en formar y desarrollar su familia. Los padres equilibrados producen casi invariablemente hijos equilibrados que, a su vez, llegarán a ser padres equilibrados que criarán hijos equilibrados.

A la inversa, partiendo de padres ineficientes en este sentido, el ciclo negativo será igualmente invariable. Regularmente a mi oficina llegan personas de las más diferentes edades buscando ayuda. (Algunos son jóvenes, unos pocos son hombres, y muchas son mujeres, especialmente esposas y madres). Cuando analizamos cada situación en el contexto del tipo de paternidad que tuvieron en su época formativa, descubrimos el mismo patrón: padres desafectivos que se limitaron a suplir las necesidades materiales de la familia. Y la queja es siempre la misma: «Lo que más necesitaba era tenerlo a él, a mi padre, y no lo tuve. Me daba cosas, pensando que así podría suplir el afecto paternal de que siempre carecí. Por eso lo odio».[1]

---

1   Los sicólogos afirman que este odio del que hablan los jóvenes o las esposas no es otra cosa que una forma de desilusión, de tristeza, de pena profunda. El odio de los

La falta de afecto en el comportamiento del padre es también una de las causas primarias en los conflictos entre esposos. En los casos graves el hombre maltrata a su esposa dando por sentado que con cosas materiales mantendrá la paz y la alegría en el hogar. «Te doy todo lo que necesitas», le dice, asumiendo la clásica y tan común postura machista, «y todavía no estás contenta».

Una esposa dijo una vez: «Prefiero una flor dada por la mano de mi esposo, que un anillo de brillantes entregado por un mensajero». Los bienes materiales pueden ser abundantes, exquisitos o de gran valor monetario; pero aunque cuesten un millón de dólares, nunca podrán reemplazar el afecto y cariño que se da con el corazón en la intimidad del matrimonio.

La vida del hombre no consiste en la abundancia de los bienes que posee.

Cosas más cosas igual a narcisismo

En la Biblia hay una historia en forma de parábola que ilustra con gran claridad el afán desmedido e

---

hijos maltratados por sus padres puede ser fácilmente revertido cuando el padre cambia su actitud. Por lo general, los hijos que dicen odiar a su padre en realidad lo aman profundamente y parecieran esperar la menor señal para correr a sus brazos y dar inicio a una nueva relación sobre la base del amor.

insensato de querer acumular bienes materiales a expensas de los espirituales.

Dice la parábola que un hombre dueño de propiedades agrícolas dedicó su vida a trabajar el campo y a enriquecerse. Logró cosechas tan abundantes que debió derribar los graneros que tenía y construir otros mucho más grandes para *almacenar* el grano. Era un hombre de mucho dinero y sin duda por eso mismo era muy respetado en la comunidad.

En el otoño de su vida, cuando creía haber alcanzado la cúspide del éxito y cuando ya no había nada más para conseguir, dijo a su alma: «Alma, muchos bienes tienes almacenados para muchos años; así es que ahora, come, bebe, descansa, regocíjate».

Pero Dios tenía otros planes. Una noche le dijo: «Necio, esta noche vienen a pedir tu alma, y lo que has acumulado por tantos años y con tanto sacrificio, ¿de quién será?»[2]

La enseñanza fundamental es clara. Las necesidades del espíritu no pueden ser satisfechas con bienes pertenecientes al mundo material. Las cosas tienen un valor temporal, pasajero, y sirven para satisfacer lo temporal y pasajero de la vida; pero los valores permanentes, eternos, se satisfacen con lo que es eterno y permanente, entre lo cual está el amor y la atención a los hijos. Muchos padres gastan sus vidas en procura de lo que, en el momento decisivo, no les habrá servido de nada, descuidando a sus familias en

---

2   Si desea leer la historia completa, procúrese una Biblia y
    busque en el Evangelio según San Lucas cap. 12, vers. 16
    al 21.

una forma que nunca podrán recuperar. Como alguien dijo: «No he sabido de ningún hombre que en su lecho de muerte haya lamentado no haber pasado más tiempo en el trabajo, en la oficina; pero sí sé de muchos que en tales circunstancias se han lamentado amargamente por no haber dedicado más tiempo a sus hijos».

Somos una sociedad llena de cosas pero falta de amor. Esto ha dado origen a un fenómeno social conocido como «neonarcisismo». En la mitología griega, Narciso era un joven que llegó a enamorarse de su propia imagen cuando la vio reflejada en un estanque de agua. El joven languideció hasta morir prematuramente al no alcanzar la realización de ese amor.

Lo que se percibe detrás del narcisismo es la actitud que parece surgir del concepto de que el mundo comienza conmigo y termina conmigo. Lo único importante en la vida soy yo. El neonarcisismo es el desorden emocional que desarrolla un ansia desmedida de autoamor, egoísmo, gratificación propia. Es tan fatal como el mal que atacó y quitó la vida del Narciso mitológico.

Una encuesta realizada en los Estados Unidos mostró que en uno u otro sentido, la mitad de las familias padece de este mal. Se afirma, por ejemplo, que en los Estados Unidos se gasta anualmente más dinero en juguetes que lo que muchos países perciben en igual período por concepto de exportaciones. Como puede suponerse, el desequilibrio en la autocomplacencia desencadena una serie de males que van minando la integridad de la familia al distorsionar las expectativas reales de sus miembros.

Es cierto que las cosas tienen su utilidad. Desde

tiempos inmemoriales el hombre ha usado su ingenio y su inteligencia para crear cosas que le permitan vivir con un mayor grado de comodidad y eficiencia. Sin embargo, las cosas materiales jamás deben tomar el lugar de los valores afectivos, espirituales, eternos. La auto satisfacción no ha de ser una meta en sí, sino un medio por el cual se trate de llegar a una meta digna.

La televisión: demonio de un solo ojo

La capacidad de difundir conceptos y costumbres que tienen los medios masivos de comunicación en el mundo latinoamericano ha eliminado las sorpresas en lo que a costumbres e influencias negativas se refiere. En efecto, hoy día es posible encontrar en los países más alejados de los Estados Unidos —que es sin duda el centro mundial de mayor influencia de la televisión— los mismos fenómenos que hasta hace algunos años eran algo exclusivo de ese país. La drogadicción ha aumentado entre los latinos en parecida proporción al alcoholismo, el abuso sexual y el abandono de niños, la práctica del ocultismo y del satanismo, los embarazos de adolescentes y la paternidad a los catorce años.

A la televisión, con sus programas y juegos, puede achacársele el triste mérito de lograr que un conjunto de rock con notorias características ocultistas y satánicas reúna fácilmente doscientos cincuenta mil fanáticos en el Parque Central de Nueva York o llene el mayor estadio de fútbol de alguno de nuestros países latinos. Unos niños influenciados fuertemente por algunos juegos de vídeo en los Estados Unidos mataron en un ritual satánico a una inocente muchacha a la que raptaron, violaron y torturaron antes de ejecutarla. Por algo desde hace muchos años, aunque últimamente con más razón que nunca, a la televisión se la moteja como «el demonio de un solo ojo».

La influencia de la televisión en los hogares es pasmosa. No nos asombra porque, según los muchos estudios hechos en los Estados Unidos sobre la influencia de la televisión en los hogares, se da la siguiente realidad:

• En los hogares promedio, el televisor está encendido cada día 6 horas y 47 minutos, lo que ha eliminado casi hasta la extinción prácticas como el juego al aire libre, la lectura, e incluso el estudio más allá del simple cumplimiento estricto de los deberes escolares de cada jornada

• El 66% de las familias ven televisión mientras están cenando, gracias a la mañosa estrategia de los canales que programan precisamente para esa hora los noticieros; y como los padres «necesitan estar informados» no hay otro camino que alternar las miradas entre el plato de sopa y el «demoníaco ojo negro que no deja de vigilarnos».

• El 54% de los niños de cuatro a seis años prefieren ver la televisión a pasar tiempo con sus papás, con lo cual las charlas amistosas entre padres e hijos se han reducido a su mínima expresión. Los días sábado, cuando se acostumbraban las excursiones a la montaña, al parque o al campo de juego, los canales de televisión descargan toda su avalancha de programas infantiles que estos no pueden resistir. Los niños se quedan en casa, muchas veces encerrados en cuartos en semipenumbra, con solo el «ojo maligno» mirándolos burlón en la oscuridad como queriendo decirles: «Te tengo. Eres mi esclavo. De mí no escaparás. Seguirás viendo televisión hasta que tu espíritu se muera. Esa es la meta que persigo con gente como tú. Te haré feliz con mis dragones, con mis monstruos, con mis super héroes, con mis ilusiones, quimeras y fantasías. Y cuando despiertes y veas que nada de esto vale la pena, ya será demasiado tarde».

- El tiempo que podría llamarse de calidad que viven cada semana padres e hijos alcanza apenas a tres minutos y medio, mientras estos últimos pasan mil seiscientos ochenta minutos ante el aparato de televisión.

Sin pretender llevar nuestra postura a un extremo irracional, no podemos dejar de reconocer y afirmar que lo peor que un padre puede dar a su hijo es un acceso indiscriminado al televisor. No se trata de declarar una guerra a muerte contra este medio. Sin duda que es uno de los más formidables de que se puede disfrutar a finales del siglo XX. Además, obviamente, la maldad no está en la tecnología, sino en la forma en que se usa. Lo que sí hay que combatir con la misma energía con que se combate una epidemia es el acceso indiscriminado de nuestros hijos a los comandos y controles, y la libertad casi absoluta de ver lo que les viene en gana. Cuando esto ocurre, aquellas pequeñas mentes, incapaces de procesar todo lo que ven, empiezan a nutrirse de ficción con apariencia de realidad; de imposibles con cara de posible; de maldad revestida de bondad; de crímenes y violencia disfrazada de hazañas; de demonios que pretenden pasar por figuras inocentes. Y de ahí a querer llevar a cabo lo que han visto en la pantalla hay solo un paso.

Lo peor que un padre puede dar a su hijo es un acceso indiscriminado al televisor

---

La televisión apela subliminalmente a los instintos más bajos de la persona. Si no encuentra una barrera firme y fuerte en el hogar, puede exacerbarlos hasta límites impredecibles. El amor al dinero, el deseo sexual, la engañosa capacidad de vivir independientemente de los demás, el desprecio hacia los padres y maestros, la falsa capacidad de realizar hazañas increíbles son temas frecuentes que se contraponen en forma frontal con los valores que dignifican la vida de la persona. La televisión está llena de filmes y programas donde los niños matan, son testigos de crímenes horrendos, tienen experiencias sexuales aun antes de entrar a la pubertad, se rebelan contra los padres, usan lenguaje soez y una serie de otras prácticas que, de ser adoptadas realmente, pueden fácilmente transformar a un niño en un voraz buscador de riquezas, en un sicópata sexual, en un libertino, en un exponente y propulsor de los antivalores del hogar.

Desilusión por comparación

La comparación es una de las prácticas que más atenta contra la salud emocional de la familia. Esta tendencia, que puede llegar a ser tan seria como una enfermedad, forma parte de la malformación de que son víctima los hijos de padres que a su vez han sido malformados. Lo que para estas personas importa es lo que se ve, lo que aparenta. La fachada, lo superficial, lo externo.

Para ilustrar este punto, permítame aventurar una opinión. Por las razones que sea, el latino pareciera más inclinado a cometer este error que el angloamericano. Alguien hacía la observación, por cierto no exenta de razón, que cuando el angloamericano construye su casa, se compra un par de zapatos o un traje nuevo, lo que le importa es que sea confortable y práctico. Para él la apariencia tiene una importancia secundaria. Cuando construye su casa o compra algo está pensando más en cómo le servirá que en lo que los demás puedan opinar. En cambio para el latino lo externo parece ser más importante que lo interno. Prefiere gastar dinero en la fachada que en la comodidad de los cuartos y aposentos.

Hablando del problema de las comparaciones, decimos: «Si yo fuese tan inteligente como él, las cosas serían diferentes»; o, «Si pudiera tener lo que aquél tiene, sería feliz»; o, «Si mis hijos tuvieran tanto éxito en los deportes como los hijos de mi vecino, me sentiría orgulloso».

Las consencuencias económicas del espíritu de competencia a veces son trágicas. Se sabe de padres de familia que se han endeudado hasta límites cercanos a la bancarrota financiera porque no aceptan tener menos que otros. El padre que es víctima del síndrome de la comparación anda siempre preocupado de cómo son los demás, cómo visten los demás, cómo se movilizan los demás, en qué casa viven los demás, cuánto éxito tienen los demás en conseguir amigos o cosas, y todo eso lo compara con lo que él es, como él viste, como él se moviliza, la casa en que vive, la facilidad con que hace amistades. Si el resultado de la comparación es negativo, se entristece, se amarga o se enfurece. En su mente activa el fatídico complejo que lo lanza por los caminos siempre traicioneros de la envidia y los celos... y la compra irracional de cosas.

El norteamericano promedio tiene un automóvil (o dos o tres) porque le hacen falta y no por ostentación. El latino que llega a este país aprende pronto que lo que en nuestros países de origen es símbolo de posición social, aquí es una necesidad. Sin embargo, en el ánimo de muchos el animalito de la comparación no muere del todo. Cada vez que puede, levanta la cabeza y quiere lanzar a su víctima a comprar otro automóvil, otra casa, otros muebles, un televisor más grande solo para poder compararse con lo que otras personas tienen, y si es posible superarlas.

Este fue el caso de la familia de Damián, Irene y sus hijos Juanita, Rut y Gonzalo que ilustran el capítulo anterior. Lo que tenían en la mente era nada menos que el síndrome de la comparación. Se decían, comparando lo que habían dejado y lo que conseguirían: «En Estados Unidos tendremos lo que nunca podríamos tener aquí». Y lo obtuvieron. Obtuvieron un par de automóviles, una casa, alfombras en todos los cuartos, y un televisor con pantalla gigante, estéreo, control remoto y videograbado incorporado. El precio: un hogar destruido.

Tus hijos son muchísimo más
y mejores que cualquiera, pero
para desarrollar sus capacidades
lo primero que necesitan es el
reconocimiento y el apoyo de su papá

Nosotros, mi querido amigo, tú y yo, nuestras esposas y nuestros hijos valemos por lo que somos y no por lo que tenemos. La felicidad a la que todos aspiramos no viene envuelta en papel de regalo ni en una caja con el logotipo de Zenith, Sony o Mitsubishi.

Se cuenta de hombre que salió por el mundo en busca del hombre feliz. Se dirigió primero a los grandes palacios, pero allí no estaba. Luego visitó los más aristocráticos salones, pero allí tampoco estaba. Gradualmente fue descendiendo en la escala social. Buscó entre la gente elegantemente vestida, entre los que vivían en casas confortables y usaban automóviles de lujo, pero allí tampoco estaba el hombre feliz.

Siguió buscando. Buscó entonces entre la gente común, entre los pobres de las ciudades, entre los que se movilizan en autobuses repletos o trenes urbanos atestados, entre los campesinos. Y aunque algo le decía que por allí lo encontraría, no estaba en ninguno de esos lugares.

Un día, yendo por un camino rural, se encontró con un hombre con el torso desnudo que caminaba en la misma dirección. Se le unió y anduvieron juntos una buena distancia. Al final, casi convencido de que había encontrado al hombre que buscaba, le preguntó:

—¿Eres feliz?

—¡Sí. Soy feliz! —le respondió.

El hombre feliz no tenía camisa.

Cuando en tu mente o en la de tus hijos se activa el síndrome de la comparación, y empiezas a vivir en función de lo que otros *tienen* y no de lo que tú y tu familia realmente *son*, surgen a lo menos tres actitudes que revelan la gravedad del problema:

1. Desarrollas un interés por lo aceptado popularmente a cambio de por lo mejor, desvalorizando lo que permanece y valorizando lo temporal. En otras palabras, equivocas rotundamente el ángulo de apreciación de lo que sí importa en la vida.

2. Desprecias tus propios valores, subestimando la riqueza espiritual que tienes o que adornan tu personalidad y la de tus hijos. Crees que no vales nada, en circunstancia en que tienes poco más o menos los mismos recursos y el mismo potencial espiritual que tiene aquel hombre al cual envidias. Porque tus hijos son diferentes a los hijos del vecino, quizás en alguna manera no tan brillantes como aquellos, los desvalorizas, ignorando que tus hijos son potencialmente muchísimo más y mejores que cualquiera, y que para

desarrollar sus c
es el reconocim

3. Empiezas
con la mente
ver que el pa
que allí to
felicidad.
frustració
que un es

dos y actitudes equiv
dar rumbos y re
padre has venid
objetos tempor
una fortaleza
familia, tien
No podrás
cambies
no podr

Tiempo para cambi

El sabio que escribió el libro
hay tiempo para todo.

> Todo tiene su tiempo, y todo lo que se qu
> debajo del cielo tiene su hora.
> Tiempo de nacer, y tiempo de morir; tiempo de
> plantar, y tiempo de arrancar lo plantado;
> tiempo de matar, y tiempo de curar; tiempo de
> destruir, y tiempo de edificar;
> tiempo de llorar, y tiempo de reír; tiempo de
> endechar, y tiempo de bailar;
> tiempo de esparcir piedras, y tiempo de juntar
> piedras; tiempo de abrazar, y tiempo de abs-
> tenerse de abrazar;
> tiempo de buscar, y tiempo de perder; tiempo de
> guardar, y tiempo de desechar;
> tiempo de romper, y tiempo de coser; tiempo de
> callar, y tiempo de hablar;
> tiempo de amar, y tiempo de aborrecer; tiempo de
> guerra, y tiempo de paz.

También hay tiempo para corregir caminos torci-

ocadas. Hay tiempo para enmen-
mar la senda correcta. Si como
creyendo que con cosas, dinero y
les y que perecen puedes construir
de amor, paz y prosperidad con tu
s que comenzar el cambio en ti mismo.
cambiar lo que te rodea, a menos que
u forma de ver tus propias circunstancias;
ás darle una nueva orientación a tu vida y a

No podrás cambiar lo que te rodea,
ni darle una nueva orientación a tu vida
a menos que cambies la forma de ver
tus circunstancias

---

la de tus hijos, si no te decides a cambiar tú mismo.
Más que con ayudas externas —que son importantes,
necesarias y en algunos casos indispensables—, este
cambio se logra con una decisión firme del propio
afectado. Al igual que con el proceso de liberación de
adicciones como la del alcohol, las drogas y cuales-
quiera otras, el primer paso es reconocer la falla. A
partir de allí, hay que empezar a construir un estilo
correcto, sano y que produzca buenos frutos.

Piensa en las siguientes recomendaciones:

- Cambia lo que está mal a lo que está bien.
- Enseña a tus hijos a ser agradecidos por lo
  que tienen.
- Cambia tu actitud para que en lugar de pensar

en lo que mereces, pienses en todo lo que has recibido, quizás sin merecerlo.

- Cambia tu actitud para que en lugar de pensar en tus derechos, pienses en los privilegios de que gozas.
- Cambia tu actitud para que en lugar de pensar en tu propia complacencia y gratificación pienses en la de los demás, especialmente la tu familia.
- Deja de pensar en ti y empieza a pensar en los demás.

¿Quieres que tus hijos tengan un alto concepto de ellos mismos? Para conseguirlo tendrás que amarlos, sacrificarte por ellos, relegar a planos secundarios tus propios intereses, estar dispuesto a dar tu vida por ellos. Si alguna manifestación del mal de Narciso se proyecta en tu vida, arráncala. Deja de estar enamorado de ti y vuelca tu amor hacia tus hijos. Olvídate de las cosas y recuerda siempre que los valores permanentes no se compran con dinero sino que brotan en forma espontánea de un corazón generoso y bien puesto en el pecho de todo buen papá.

Los niños crecen a una velocidad supersónica. Ahora que los míos han crecido —y quizás los tuyos aun están a la espera de un padre amoroso que con manos delicadas moldee sus vidas para siempre—, me siento tranquilo y feliz de haber estado con ellos cuando más me necesitaban... y cuando me necesitaban menos también.

Mis hijos son mis mejores amigos. (No hablo de amor filial ni de respeto al padre, sino de esa amistad sincera que da el verdadero amigo.) Pero la amistad de un hijo no se consigue gratis. El padre tiene que ganársela. Y se la ganará en la medida que dé a sus hijos amor, cariño, respeto, cuidado, consideración, compañia y, después de eso, alimento, vestuario, juguetes, entretenimientos.

Nuestros hijos merecen todo el sacrificio que podamos hacer por ellos. Son la prolongación de nuestra propia vida. Cuando partamos de este mundo, seguirán proyectando la imagen de su padre. De nosotros depende que esa imagen sea buena. Las cosas que pudimos darles perecerán, pero lo auténtico de la vida permanecerá en ellos para siempre. Y permanecerá también en sus hijos. Y en los hijos de sus hijos. Hasta la cuarta generación.

Familia A

Casi sin proponérselo, el padre de Juan lo había orientando a ayudar a los demás. Había sido su inclinación desde pequeño. Su padre había observado esa tendencia y lo había estimulado y vigilado de cerca. Cuando Juan le había pedido consejo, siempre había estado ahí para dárselo. Incluso muchas veces había convocado a reunión familiar y todos habían participado en el análisis de alguna situación. Aquello no solo había permitido dar con la solución más adecuada, sino que había fortalecido la intercomunicación entre ellos.

Cuando tuvo que decidir qué quería ser en la vida, Juan optó por ser sicólogo. Ya estaba terminando su carrera. Se había casado con Catalina, su compañera de la secundaria, y tenían dos hijos: Frank, de 3 y Phil, de 1 año. Catalina también estudiaba sicología y, como él, estaba a punto de graduarse.

Los años difíciles en la familia de Catalina habían quedado atrás. Con la ayuda de Juan, habían logrado que José el hermano de Catalina se recuperara. Pero no habían conseguido que el padre volviera a casa. Ese ciclo se había cerrado en una forma trágica. A los 52 años de edad, había muerto de un balazo en una riña de bar de malamuerte. Lo habían encontrado en la morgue, cuando alguien avisó a su esposa.

Habían pasado años antes que José sintiera que las heridas provocadas por su padre cicatrizaran. Con la ayuda y el amor de Juan y de Catalina, había logrado remontar esa pérdida. Pronto, había empezado a trabajar para ayudar a su madre, y ahora era administrador en una tienda de artículos electrodomésticos. Tenía 27 años, y había prometido a su madre que no se casaría sino hasta que Carlitos y Lucía pudieran valerse por sí mismos.

Un día la madre les pidió que se reunieran en casa para hablar sobre un asunto importante. Con el apoyo financiero de sus hijos, había dejado de trabajar. Un día había conocido a Roberto, también viudo como ella, quien le había propuesto matrimonio. Ella se había rehusado, pensando en sus hijos; pero ante la insistencia de Roberto, le había prometido que hablaría con su familia y que acataría la opinión de ellos. A la reunión no solo asistieron José, Carlos, Lucía, Juan y Catalina, sino que también invitaron a Jorge y Alicia. Ahora eran una sola familia que había desarrollado vínculos tan firmes como aquellos en los que Juan se había criado. Les dijo:

—Roberto me ha pedido que nos casemos. Yo, sin embargo, no quiero tomar una decisión sin tener el consejo de ustedes.

—¿Están seguros de su amor? —preguntó Juan.

—¡Sí! ¡Creo que sí!

—¿Cuánto conoces a Roberto? —preguntó Jorge.

—La verdad es que no mucho. Solo sé que su esposa murió de cáncer hace cuatro años. Que no tuvieron familia. Que tiene un buen trabajo. Que no tiene vicios y que me ama. Ah, sus padres viven en Los Ángeles y tiene tres hermanos, casados también.

Todos guardaron silencio. Finalmente, Juan dijo:

—Mamá, ¿te molestaría que Catalina y yo averiguaramos un poco más sobre la vida de Roberto? Si estás de acuerdo, hablaremos con él y luego podremos darte una opinión más sabia.

Ella estuvo de acuerdo. Confiaba en el criterio y amor de sus hijos, de modo que quedó tranquila, a la espera del resultado de la investigación.

Familia B

¿Dónde buscar? ¿A quién preguntar? ¿Dónde andaría su hermano?

Enrique no sabía adónde dirigirse, pero una cosa sí sabía: no volvería a casa sin Miguel. Echaba de menos a su madre y a su hermana, pero no lo suficiente como para desistir de su empeño. El odio que su padre había sembrado en su espíritu había brotado desperdigando rencores hacia todos lados. Su madre y su hermana no se escapaban. Odiaba a todos, menos a su hermano Miguel. ¡Tendría que encontrarlo, aunque en la búsqueda se le fuera la vida!

Durante un mes deambuló por las calles de su ciudad, pero Miguel no estaba. Así es que concluyó que su hermano se había ido a otra parte. ¿A dónde? Había miles de ciudades en las que podría haberse escondido. Dos o tres pandilleros habían aceptado hablar con él. Nunca fueron sus amigos, pero a lo menos no lo maltrataron como otros, que cuando quiso acercarse a ellos, lo habían golpeado con palos y puños hasta hacerlo huir espantado.

Uno de aquellos muchachos, le dijo un día:

—Creo que debes buscarlo en Nueva York. Parece que se fue para allá.

Antes de partir, sin embargo, tenía que procurarse dinero para el pasaje del autobús. Trabajó por aquí y por allá en los barrios más bajos de la ciudad. Dormía donde se lo permitieran o donde encontrara un mínimo de seguridad. De acuerdo a lo que lograba reunir diariamente, calculó que tendría que trabajar a lo menos tres semanas antes de tener lo suficiente para comprar el tíquet.

La madre y la hermana, sin embargo, no se habían quedado tranquilas partida la partida de Enrique. Iniciaron una búsqueda feroz por la ciudad. Recorriendo barrios, bares, cantinas y prostíbulos, dieron un día con él. Pero cuando lo encontraron, Enrique no estaba solo. Lo encontraron viviendo debajo de un puente acompañado de su padre.

Margarita, la madre, no podía creerlo. De pronto y por lo que ella consideró al principio una jugarreta «del destino», estaban todos reunidos. Todos, menos Miguel. El aspecto de Francisco, el esposo, era lamentable. Sucio y andrajoso, mantenía sin embargo, el brillo de la mirada que tanto adoraba Margarita.

Cuando se encontraron los cuatro, Francisco no hizo gesto alguno. Margarita trató de ocultar sus emociones. Su hija Carmen se echó a llorar sin saber si lloraba de pena o de alegría: pena por ver el estado de su padre y de Enrique; o alegría por verlos de nuevo. Enrique, sin embargo, estaba furioso.

—¿Por qué han venido aquí? —les gritó, enojado—. Vuélvanse a casa. No las quiero ver. Además, mamá, usted no tiene derecho de estar metiendo en estas cosas a Carmen. ¡Váyanse!

Margarita trató de reaccionar pero no alcanzó a decir una palabra cuando Enrique de un salto se paró delante de ella y mirándola tan cerca que parecía tocarle la cara con la nariz, le gritó:

—¡Váyase, le digo, mujer impertinente! ¡Usted no tiene derecho de meterse en mi vida! ¡Yo hago lo que me viene en gana y usted no puede decirme nada! ¡Además, tampoco tiene derecho de molestar a mi padre! ¡Así es que, adiós!

Pecado número 4

Desproteger el círculo familiar

Semejante es al hombre que al edificar su casa, cavó y ahondó y puso el fundamento sobre la roca; y cuando vino una inundación, el río dio con ímpetu contra aquella casa, pero no la pudo mover, porque estaba fundada sobre la roca (de las parábolas de Jesús)

ADOLFO RASGO SANTELICES ya tenía su hogar formado en México. Dentro de las limitaciones de su habitat campesino, vivía tranquilo con su esposa Juana y sus ocho hijos. La vida le había sido generosa con la descendencia, y en pocos años había llegado a formar una familia numerosa con hijos saludables y alegres. Los mayorcitos ya iban a la escuela y todo parecía indicar que con esfuerzo, estudio y sacrificio, podrían superar los niveles alcanzados por su padre.

Su pasar económico le parecía aceptable, sobre todo que con el producto de su trabajo podía proveer sin mezquindades a las necesidades básicas de la familia: casa, vestuario, alimentación, educación y protección y cariño.

Un día se encontró con un amigo que había ido de visita desde Estados Unidos. Este le habló maravillas de las posibilidades que ofrece ese país para ganar dinero y alcanzar en poco tiempo niveles que en México no se alcanzarían ni en años.

—Deberías hacer como yo —le dijo—. Ve a Estados Unidos. Allá hay trabajo y dinero.

—¿Y la familia? —preguntó Adolfo.

—Bueno, eso es un problema —le dijo su amigo—. Pero tiene solución. En la vida todo tiene solución.

La solución que le propuso no le resultó nada de grata. Le sugirió que viajara solo, que empezara a mandar dinero a Juana para mantener a los hijos y ahorrara para cuando llegara el momento de llevárselos a todos a vivir a Estados Unidos.

—Será por poco tiempo —le dijo—. Te aseguro que el mismo día que llegues allá podrás empezar a trabajar. Y eso significa empezar a ganar. Haces bien las cosas y en seis meses tienes a Juana y a tus ocho hijos contigo.

La idea no era mala, insistió el amigo. Solo había que hacer las cosas bien.

Hacer las cosas bien fue precisamente lo que Adolfo no hizo. Lejos de su Juana y de sus hijos, aunque tenía trabajo y empezó a ganar más o menos lo que su amigo le había anticipado, se sintió solo. Terriblemente solo. Entonces sucedió lo que estuvo a punto de echar por los suelos todos sus sueños. Conoció a

Rosa, una compatriota de la que se enamoró, y que estaba en idénticas condiciones que él: sola, con su familia en México, ganando dinero pero desesperada por la falta del afecto de su esposo y la ausencia de sus hijos.

Pronto encontraron un sustituto prohibido para sus carencias afectivas y existenciales: empezaron a vivir juntos. Sin embargo, la conciencia no dejaba de molestarlos por lo que estaban haciendo. Empezaron a menguar las cartas a México y también las remesas de dinero. ¿Llamadas telefónicas? Donde vivía Juana no había teléfono. Los lazos de afecto entre Adolfo y Juana se fueron debilitando en la misma proporción en que se fortalecían con Rosa. Todo sugería que Juana y sus ocho hijos se quedarían definitivamente sin viajar a Estados Unidos y sin el jefe del hogar.

Un día, Adolfo y Rosa llegaron a mi iglesia y empezaron a asistir con cierta regularidad. Escucharon lo que yo enseñaba y pronto pidieron una entrevista conmigo. Después entendí que cuando decidieron solicitar esa entrevista ya sabían con lo que se iban a encontrar. Lo hicieron porque, aunque se querían bien, sabían que estaban haciendo algo malo y que estaban traicionando a sus seres más queridos que habían confiado en ellos.

Les aconsejé que regresaran cada uno por su lado a México, que trataran de traer a sus respectivas familias, y que se olvidaran para siempre del «romance por necesidad» que habían vivido. Aunque les proporcionara un bienestar pasajero, aquella stiuación a la larga les pasaría una cuenta dolorosísima de pagar.

No he vuelto a saber de Rosa, pero sé que me

hicieron caso. Adolfo logró traer a Juana y a sus ocho hijos, y ahora viven felices en los Estados Unidos. Constituyen una familia estable y, algo que es de suma importancia, ahora que sus hijos han crecido y pueden distinguir mejor lo bueno y lo malo, lo quieren y lo respetan.

No todos los hombres están dispuestos a seguir un buen consejo cuando se les pone el dedo en la llaga y se les muestra el camino del sacrificio. Aquella pareja estuvo dispuesta. Su actitud confirma que se puede revertir la peor de las situaciones cuando hay voluntad de dar el primer paso y los siguientes con decisión y empeño. La actitud del hombre, del padre, del esposo puede desencadenar los mecanismos que para superar vicios, malas costumbres y hábitos reprobables. El afortunado que lo hace ve transformar los fracasos en éxito y las derrotas en victoria.

Para el padre no hay sustitutos

El cuarto pecado que cometen los padres contra sus hijos es privarlos de su presencia y, por ende, de su protección e influencia. El recurso de irse del país o irse a otra ciudad en busca de mejores condiciones de vida no deja de ser peligroso por dos motivos. Primero, porque el abandono temporal muchas veces se transforma en separación perpetua. Segundo, porque no hay sustituto para la presencia del padre en el hogar. El crecimiento de un niño —u ocho, como fue el caso de Adolfo— pasa por etapas que no volverán a repetirse. Si en esa o esas etapas el padre no estuvo presente, algo faltará en la formación del niño, y ese algo de alguna manera habrá de manifestarse cuando llegue a la adolescencia y a la etapa de adulto.

A algunos no les ha ido demasiado mal, como a Arnaldo y Gabriela. Arnaldo y Gabriela constituyen un matrimonio todavía joven que está labrándose su futuro. Ambos trabajan. Tienen dos hijos. Un día estuvieron de acuerdo en que Arnaldo aceptara un puesto en otro punto del país donde iba a ganar más dinero. Sus hijos recién empezaban a caminar. La idea no era que toda la familia se trasladara, sino solo el padre. Vieron como un factor positivo la ayuda que los parientes de Gabriela les podrían dar. Y así ha sido, en efecto. La ayuda ha sido innegable. Arnaldo viaja cada vez que puede a visitar a su familia. Se mantiene en contacto telefónico con ellos. Conversa con sus hijos, los corrige, aconseja y estimula según sea el caso. Gabriela y los niños lo visitan también cada vez que pueden. Esto significa que de alguna manera han tenido consciencia de la situación irregular en que han criado a sus hijos. Han hecho esfuerzos para contrarrestar los efectos negativos de la ausencia del padre de casa. Los niños van creciendo. Hasta ahora no hay evidencia de que la ausencia del padre les haya afectado.

Sin embargo, es muy temprano para cantar victoria. Habrá que esperar a ver qué ocurre cuando lleguen a la adolescencia y empiecen a tomar sus propias decisiones.

De todos modos, la situación de esta pareja es peligrosa. Por más que le demos la vuelta, no hay nada que sustituya al padre. El vínculo sanguíneo, genético y afectivo no puede ser reemplazado con nada ni con nadie. Con la participación de ambos padres en la formación de los niños sucede como cuando a una planta en crecimiento se la afirma con dos soportes: el papá por un lado, y la mamá por el otro. Los dos soportes permitirán que la planta crezca derecha. Con un soporte en lugar de los dos, se corre el riesgo de que crezca desviada. Si sucede y no se corrige a tiempo, esa desviación puede llegar a ser permanente con consecuencias muchas veces lamentables.

El círculo sagrado de la familia

Sí. El círculo familiar es sagrado. Cuando mis hijos, frente a una determinada situación, me oían decir: «Este es un asunto de la familia», sabían a qué me estaba refiriendo. Sabían que nadie que no fueran los dos padres y los tres hijos podría permanecer dentro del círculo. Impelido por las circunstancias, por la necesidad de defender la privacidad de la familia, yo cerraba las vías de acceso. Ni abuelos, ni tíos, ni primos, ni amigos ni amigas podían entrar. Mis hijos fueron aprendiendo que la intimidad del hogar tiene un valor inapreciable, y que hay cosas que no se pueden ventilar ante los «extraños» por más queridos y de confianza que sean. Este concepto de lo sagrado del círculo familiar debe ser implantado, alimentado y dirigido primeramente por el padre.

Dentro de la familia hay una estructura jerárquica que no responde a caprichos ni a complejos machistas, ni menos se ha generado espontáneamente. La sociedad actual podrá discutir todo lo que quiera sobre esta estructura; podrán surgir defensores o detractores; se podrán hacer intentos para cambiar la estructura e implantar nuevas modalidades en apariencia más justas o más pertinentes a la época que vive el mundo. Todo lo que tú quieras. Pero a pesar de los esfuerzos que se hagan, la estructura jerárquica queda. Y queda porque fue diseñada y establecida por Dios mismo.

Antes que hubiera naciones,
iglesias o comunidades,
ya existía la familia. El núcleo
básico de la sociedad
es la familia

Según Génesis, Dios dijo: «No es bueno que el hombre esté solo; le haré ayuda idónea». Después dijo a la recién formada pareja: «Creced y multiplicaos».[1] En estas palabras pareciera encontrarse el primer esbozo de la familia que estaba en el pensamiento de Dios.

El orden establecido pone como cabeza del hogar al padre. Cuando asume en forma correcta esta responsabilidad, el padre la ejerce sobre la base del amor, jamás de la fuerza. La fuerza es la expresión del machismo, de la irracionalidad. El amor es la expresión de la paternidad inteligente.

El amor es sufrido,
es benigno;

---

[1] Si deseas leer la historia completa, busca el libro de Génesis, el primero de la Biblia, y lee los capítulos 1 y 2.

el amor no tiene envidia,
el amor no es jactancioso,
no se envanece;
no es indecoroso,
no busca lo suyo,
no se irrita,
no guarda rencor;
no se goza de la injusticia, mas se goza de la
verdad.
Todo lo sufre, todo lo cree, todo lo espera, todo lo
soporta.

1 Corintios 13.4-7

El principio que estructura la administración de la familia establece luego que la esposa debe someterse —también en amor— a la autoridad del marido, que es la cabeza del hogar. El amor, en el caso de la mujer, descarta la rebelión, el resentimiento, la obstinación, el revanchismo.

En cuanto a los hijos, la sujeción de estos al padre pasa a través del respeto y la obediencia a la madre. No se puede obedecer al padre sin obedecer a la madre; ni se puede respetar al padre sin respetar a la madre.

Quizás al leer esto, tú digas: «No me parece. En esa estructura sugerida el hombre aparece beneficiado. La esposa tiene que someterse a él, los hijos tienen que someterse a él. Y él, ¿a quién se somete?»

La respuesta a esta observación es absolutamente necesaria para ubicar en su lugar correcto la pieza que supuestamente falta. Si Dios establece que la mujer se someta al marido, y que la obediencia y sujeción de los hijos al padre pase necesariamente a través de la madre, ¿a quién se somete el padre? Quiera que no, el padre se somete a Dios y a su propia autoridad. De esta manera se cierra el círculo.

Esto parece una tomada de pelo, quizás dirás, porque Dios está tan lejano que no le interesan los problemas del hombre.

Estás muy equivocado. A Dios sí le interesan nuestros problemas. Dios estableció la institución del matrimonio y de la familia. Quizás por eso ha habido intentos en diversas latitudes y épocas de destruir estas dos instituciones. Hoy día, sin ir más lejos, al tratar de legalizar los matrimonios entre hombres y entre mujeres se está persiguiendo lo mismo. Pero nunca nada de esto ha prosperado, ni prosperará. Decir que Dios sigue manejando los hilos de la familia y del matrimonio es sencillamente dar fe de lo que ha ocurrido a través de las generaciones.

Por otra parte, el propio hecho de que el padre ejerza autoridad sobre su familia lo transforma automáticamente en el primero que debe someterse a esa autoridad. No podría pretender que las leyes que fija para el hogar deban ser cumplidas por los demás pero no por él. Un juez que establezca leyes, un cuerpo legislativo que dicte normas, una autoridad civil que determine conductas masivas no puede estar por sobre esas leyes, reglamentos y normas. Al contrario, es el primero que debe sujetarse a ellas y cumplirlas.

Sí. Dios estableció el orden jerárquico en la familia. El hombre, tarde o temprano tendrá que rendir cuenta a Dios de la forma en que ejerció su paternidad. Mucho cuidado: la reprobación de Dios puede ser más dolorosa y trágica de lo que se piensa y cree. A la vez, la aprobación de Dios será el premio más preciado y satisfactorio que el hombre pueda alcanzar.

Tenemos que proteger el círculo familiar

Hay una relación directa entre el estado de salud de las familias de una nación, con el estado de salud de ésta. No puede esperarse sino prosperidad económica, social y espiritual cuando la familia —la célula básica de la sociedad— es sana y fuerte. Partiendo de la verdad de esta premisa, y tomando como índices elocuentes el estado de las naciones, no podemos sino mirar con preocupación el futuro de la sociedad.

Donde hay delitos graves que llenan las páginas policiales de los medios masivos de comunicación, donde hay índices elevados de cesantía, donde las compañías grandes y pequeñas se ven forzadas a eliminar beneficios sociales para su personal, donde los índices de bancarrota suben y suben, donde los gobiernos tienen que estar haciendo recortes permanentes a los presupuestos sociales, donde las estadísticas más conservadoras hablan de millones de familias que viven en pobreza extrema, donde el juego de azar y los salarios millonarios en sectores no productivos alcanzan niveles abismantes, donde resulta más fácil llenar un estadio de ochenta y cinco mil personas que un templo de cuatro mil, donde un cantante de rock metálico reúne en una noche a doscientos cincuenta mil fanáticos para escuchar sus canciones exaltando y dando categoría de legítimo a lo más tenebroso de la vida, es para preocuparse.

El mal que aqueja a la sociedad no hay que buscarlo en las estructuras superiores, sino en la intimidad del hogar

El mal no corresponde buscarlo en las estructuras superiores de la sociedad. Lo que allí se encuentra es la consecuencia de lo que se genera en la base. El mal hay que buscarlo en la intimidad del hogar, de la familia. Y más aun, hay que buscarlo en el estado moral y espiritual en que se encuentra el padre mismo. Allí está el problema y desde allí hay que erradicarlo.

¿Qué podemos hacer? «Entréguenme ustedes un hombre nuevo», dijo una vez un dirigente político a un grupo de cristianos que lo visitaba, «y yo les entregaré una sociedad nueva». Se pueden dictar leyes y tomar medidas a nivel gubernamental que ayuden, pero la solución comenzará cuando la familia, en la intimidad de su círculo, inicie el proceso de sanar de sus heridas.

Como primera medida, hay que mantener control permanente sobre la valla protectora del círculo familiar. ¿Están funcionando las alarmas? ¿Se mantienen las puertas cerradas a influencias indeseables tanto del interior como del exterior? ¿Están los miembros de la familia presentes cuando deben estarlo? ¿Hay presencia de extraños cuando en el círculo íntimo de la familia deben estar únicamente sus miembros?

Entre los inmigrantes que llegan a Estados Unidos

en busca de mejores condiciones de vida hay una situación que se da con mucha frecuencia. Demasiadas veces, varias familias sin ningún vínculo que las una (a no ser la necesidad de evitarse gastos para acelerar el proceso de reunir dinero) comparten una casa o departamento, allanándose a desarrollar una vida en común. Como se trata de economizar, a primera vista este pareciera ser un buen recurso; sin embargo, no se piensa en la forma en que ese tipo de vida afectará a los menores de edad, o atentará contra el buen comportamiento de los adultos entre sí. Ha habido numerosos casos en que hasta cuatro familias con niños pequeños comparten una casa con dos cuartos. Cuando esto ocurre, las puertas del círculo familiar quedan automáticamente abiertas a la presencia de extraños.

¿Qué origina esta situación? Violaciones y abuso sexual de menores, incesto, adulterio. El padre ve diluido el liderazgo que ha mantenido sobre su familia al competir con el de otros dos o tres padres que tratan de imponer sus criterios dentro de esa convivencia irregular de familias. Y los niños, testigos de esta situación anormal, empiezan a sentir que su papá ya no es el líder que tenían.

Si la situación persiste, terminarán por perder el concepto de sujeción a la autoridad de su padre. Y cuando tal cosa ocurre, no solo se desorientarán, sino que corren el riesgo de no saber funcionar en forma adecuada en ambientes extra hogareños. Con frecuencia se da el caso de que entran en conflicto con la justicia y van a parar a prisión. De ahí que las cárceles juveniles tengan una buena cuota de este tipo de muchachos, producto directo de la desprotección que sufrieron en el hogar en los años en que más necesitados estaban de protección.

Nunca serán demasiadas las medidas que se tomen para proteger la intimidad del círculo familiar.

Conozco el caso de un pastor que, entendiendo en una forma equivocada el concepto de ser hospedador, mantenía permanentemente abiertas las puertas de su casa para recibir y hospedar a quien fuera. Al abrir las puertas de su casa, estaba exponiendo la intimidad de su familia a la influencia negativa de visitantes de mala conducta. Triste es decirlo, pero como consecuencia de esta actitud, sus dos hijos fueron violados sexualmente. Hoy día, el varoncito es homosexual declarado y la mujercita está perturbada mentalmente. Las veces que la esposa quiso intervenir para evitar que esta situación se perpetuara, se encontró con el total rechazo de su esposo que nunca quiso ver las consecuencias de su mal comprendida hospitalidad.

Un buen fundamento: garantía de perdurabilidad

En su famoso Sermón de la Montaña, y utilizando una de sus acostumbradas parábolas, Jesús quiso enseñar una verdad que tiene implicaciones eternas: las formas correcta e incorrecta de construir una vida. Parafraseando las palabras del Maestro de Galilea para aplicarlas a cómo se debe y no se debe construir una familia, podríamos leer así:

Cualquiera, pues, que me oye estas palabras, y las hace, lo compararé a un hombre que edificó a su familia sobre la roca. Descendió lluvia, vinieron ríos, y soplaron vientos, y golpearon contra su familia; pero ésta no cayó, porque estaba fundada sobre la roca.

> *Pero cualquiera que me oye estas palabras y no las hace, le compararé a un hombre insensato, que edificó su familia sobre la arena; y descendió lluvia, y vinieron ríos, y soplaron vientos, y dieron con ímpetu contra aquella familia; y cayó, y fue grande su ruina.*[2]

Para que el hogar resista los ataques de las circunstancias adversas necesita una base sólida y pilares firmes. Será aquel en que el padre es el vigilante permanente, el censor incansable de todos los elementos que intenten influirla, positiva o negativamente, externa o internamente. El padre debe saber lo que se lee, lo que se mira en la televisión y lo que llega a través de la computadora (a través de la Internet puede llegar información indeseable), de lo que llega a través de las amistades de los hijos fuera del hogar, del tipo de educación que están recibiendo en la escuela. Y no menos importante es vigilar el tipo de trato que se dan los miembros de la familia. En la familia debe haber una comunicación abierta, franca y sincera tanto de los padres entre sí como de padres con hijos y hermanos con hermanos.

---

2   Esta parábola se encuentra en el capítulo 7 de Mateo y en el capítulo 6 de Lucas.

El hogar que goza de la protección del padre, tiene asegurada la protección de Dios

Quizás partiendo de aquella famosa frase que dijo Jesús mientras desde un monte miraba a la ciudad de Jerusalén: «Cuántas veces quise juntar a tus hijos como la gallina junta a sus polluelos debajo de las alas, y no quisiste», algunos poetas y escritores han descrito a Dios como el Ser Omnipotente que nos cubre con sus alas de amor contra cualquier enemigo. El padre debería tener también esta imagen dentro del hogar: la del protector que extiende sus alas de amor sobre toda su familia y vela porque nada ni nadie pueda hacerle daño.

Actitudes protectoras del padre

La protección que da el padre a su familia no se restringe únicamente a evitar la entrada de esto o aquello que a él le parezca dañino y perjudicial. Hacerlo es muy importante, pero tanto o más lo es la forma en que trata a sus hijos. Por eso, es útil señalar de entre muchas, tres actitudes del padre hacia sus hijos que habrán de tener efectos muy positivos en el desarrollo de la personalidad de éstos:

1. Amarlos y aceptarlos incondicionalmente. Este amor y aceptación deben estar por sobre el comportamiento, el rendimiento académico, el magnetismo

personal y la buena apariencia física. Hay casos en que los padres tratan de obtener de los hijos lo que ellos mismos no pudieron ser en la vida, y ajustan su amor y aceptación a la forma en que los hijos responden a sus expectativas. Actúan como la persona que adiestra animales: les da un terrón de azúcar o un mendrugo si realizan bien la rutina que se les exige. Si no lo hacen bien, no hay ni azúcar ni mendrugo, como si se tratara de simples condicionamientos reflejos y no de desarrollo de la mente y la inteligencia. Nuestros hijos no son animalitos, sino personas con las mismas características que teníamos nosotros y los hombres y mujeres más grandes que ha dado la humanidad.

Cuando José y María, padres terrenales de Jesús, volvían a Nazaret de Galilea en caravana con otros peregrinos después de su visita anual a Jerusalén, descubrieron que Jesús —que por entonces ya tenía 12 años— no iba en la caravana. Lo notaron cuando ya habían hecho un día de viaje. Tuvieron que usar otro día para regresar a Jerusalén y un tercero para buscar hasta encontrar a Jesús. Al encontrarlo, grande fue su alivio y alegría. ¿Qué había ocurrido? Sencillamente, que ambos habían dado por sentado que Jesús iba en la comitiva. Pero esa conclusión no había estado confirmada con la presencia del joven durante todo ese día de viaje. Evidentemente, habían desprotegido al hijo. Dar por sentadas las cosas puede conducir muchas veces a situaciones dolorosas e irreparables.

Hay casos también en que, como decíamos en el capítulo anterior, el padre funciona sobre la base de comparaciones. Y si su hijo comparativamente no es igual o superior a tal o cual otro muchacho o muchacha, le restringe el amor y la aceptación. El padre debe siempre querer y aceptar a sus hijos por lo que son: muy, mediana o pobremente inteligentes; hermosos o feos; apuestos o sin atractivo físico; excelentes deportistas o sencillamente malos deportistas. La misión del padre es permitir y ayudar a que sus hijos desarrollen al máximo sus capacidades. Y esto se logra con disciplina, con atención permanente, con amor y aceptación.

2. Hacer que los hijos se sientan apreciados y valorizados. El padre no debe escatimar alabanzas y reconocimientos cuando los hijos se los merecen. Y cuando esté en la duda sobre si alabar o guardar silencio, quizás lo mejor sea ofrecer un reconocimiento por el esfuerzo realizado. Cuando es evidente el esfuerzo que los niños hacen por llevar a cabo algo, aunque no lo logren plenamente, el estímulo del padre hará que se sientan animados a seguir intentándolo hasta lograr pleno éxito. Los hijos deben ser tratados con tanto amor y respeto por el padre, que deben llegar a decir «mi papá está orgulloso de mí».

3. Guiarlos para que alcancen las metas propuestas. Si bien a los hijos habrá que soltarlos alguna vez de la mano, hay etapas en su vida —especialmente cuando entran a experiencias desconocidas— en que es absolutamente necesario que el padre los guíe con la experiencia que adquirió cuando le tocó recorrer ese camino. Recuerda el procedimiento que siguen las águilas cuando se trata de enseñar a volar a sus polluelos. Mientras estos aun no han desarrollado la fortaleza de sus alas, las águilas padres los cuidan, alimentan y protegen. Jamás van a hacer que su

polluelo intente volar cuando no está aun preparado. Pero cuando lo está, y ha llegado el momento de que el hijo empiece a vivir su propia vida, lo sacan del nido y lo lanzan al aire. Es la manera —un tanto cruel diría alguien— de que el aguilucho aprenda a volar y a valerse por sí mismo. Pero la moraleja en este comportamiento tan inteligente de los animales es que el aguila padre no pierde de vista ni un segundo a su hijo, y estará presto a acudir en su ayuda cuando perciba el peligro.

Familia A

En su infancia, el padre de Roberto había abusado de él. No me refiero a violación sexual, sino maltrato de palabra y físico, desamor, desinterés. Roberto era el último de cuatro hermanos, y su padre lo había rechazado desde el día que supo que su esposa estaba encinta. Nunca lo quiso. A causa de los problemas que le había ocasionado a su esposa por ese embarazo, Roberto había nacido prematuramente. Había pesado menos de dos kilogramos, y eso había sido motivo para que en su padre creciera el desinterés por él.

—Mi papá se preocupaba por mi madre y mis hermanos mayores, pero en mí no se fijaba —les dijo a Juan y Catalina cuando estos conversaron con él en relación con su deseo de contraer matrimonio con la madre de Catalina—. Nunca se interesó por lo que yo hacía. Aunque no tuve mala salud, era muy delgado. Entonces cuando cumplí diez años, empecé a hacer gimnasia. Quería fortalecerme el cuerpo, desarrollar músculos, a ver si mi padre se fijaba en mí. Conseguí mejorar mi aspecto físico, pero él no cambió de actitud. Yo lloraba en silencio, y crecí con una pena tan grande en el alma que solo empezó a desaparecer hace siete años, cuando conocí a mi ex esposa y juntos empezamos a leer la Biblia. Allí descubrí el amor de Jesús. Allí supe que hay alguien, Jesús precisamente, que me ama aunque nadie más me ame en la vida.

—¿No tuvieron hijos? —le preguntó Catalina.

—No. No tuvimos hijos. A poco de habernos casado, a mi esposa se le presentó un cáncer que le impidió tener familia. Ambos deseábamos hijos, aunque hubiese sido uno, pero Dios no nos los dio.

—Tomando en cuenta el maltrato de que fuiste víctima cuando pequeño, ¿cuál crees que habría sido tu comportamiento con los hijos que Dios pudo haberte dado? —preguntó esta vez Juan.

—Hasta antes de casarme y saber de Jesús, había dentro de mí un sentimiento tan extraño que creo que los habría tratado tal como mi padre me trató. No quería a los niños. Nunca los quise. Dos de mis hermanos se casaron antes que yo, y sus esposas tuvieron hijos. Yo nunca acaricié ni tuve en mis brazos a esas criaturas. Mi padre imprimió en mí un sello tan profundo y amargo que creí que nunca cambiaría.

—¿Y cambiaste?

—Sí. Gracias al amor que me dio mi esposa y al amor de Cristo, aquel sentimiento fue debilitándose hasta desaparecer. Ahora amo a los niños, amo a la gente y disfruto de la vida.

—¿Te consideras curado del daño que te provocó tu padre?

—El amor de mi esposa y el amor de Cristo hicieron el milagro de cambiarme interiormente.

—¿Disfrutó tu esposa del amor de su papá?

—¡Definitivamente! Ella y sus hermanos tuvieron padres amorosos que no solo los amaron, sino que mantuvieron siempre sus ojos, sus manos, sus corazones sobre la familia. Prueba de ello fue el amor tan grande de mi esposa, no solo hacia mí, sino hacia todo el mundo.

—¿Y crees que amas lo suficiente a mi madre como para ser feliz con ella? —le preguntó Catalina.

—Tu madre es una gran mujer. Sufrió mucho con un esposo que no pudo superar sus propios problemas. Yo la amo y creo que ella también me ama. Casi podría asegurarles que sabremos ser felices.

—¡Estúpida! ¡Buena para nada! ¿Quién te crees que eres? ¡Vete a casa y no salgas nunca más porque eres fea, horrible! ¡Me das vergüenza!

Llorando, su madre se abalanzó sobre su hijo para tratar de quitarle a la niña, que rodaba por el suelo mientras Enrique la seguía arrastrando por los cabellos. De un golpe, el muchacho la lanzó también al suelo.

Francisco, que había observado la escena sin intervenir y sin decir una palabra, empezó a sentir que de algún lugar de su ser interior que no podía ubicar le empezaba a subir una sensación de amargura y dolor. Tan grande era que cayó al suelo. Se cubría el rostro con las manos, mientras fuertes convulsiones de llanto le sacudían el cuerpo. Después de un momento, como una escena que se proyecta en cámara lenta, se quitó las manos de la cara, miró a Enrique por unos segundos, se incorporó de un salto y gritó:

—¡Francisco! ¡Suelta a tu hermana!

—¡Yo no soy Francisco! —le gritó Enrique—. ¡Usted es Francisco!

—¡No! —le contestó su padre—. ¡Tú eres Francisco! ¡Deja a tu hermana! ¡Levanta a tu madre y ven para acá y mírame!

Enrique, que había estado hablando con su padre antes de que llegaran su madre y su hermana, sabía que no había bebido. No estaba borracho; sin embargo, actuaba como si lo estuviera. Al no poder coordinar sus pensamientos, soltó a su hermana, fue a levantar a su madre que seguía en el suelo, y luego se dirigió a su padre y lo miró a los ojos. Seguía furioso. Algunas personas se habían reunido y los observaban, entre sorprendidos y curiosos. Peleas por allí se veían todos los días, pero como ésta, pocas. Llorando, Margarita corrió a refugiarse en los brazos de su madre.

Enrique parecía haberse calmado aunque se veía inquieto. Era como si estuviera despertando de una pesadilla. Francisco miraba la escena en silencio, mientras unas lágrimas gruesas le corrían por el rostro. Trataba de contener el llanto, pero no podía. Era como si un río de hiel se desbordara por sus ojos. Y a medida que las lágrimas corrían, empezaba a sentir una paz que no recordaba haber sentido antes. Tiempo después, al contar esta experiencia, diría que nunca en su vida había llorado como en aquella oportunidad. En realidad no supo sino hasta ese día lo que era aquel llanto amargo que cuando brota desde el interior de una persona pareciera que viene arrastrando suciedad, inmundicia, lacras morales, escombros espirituales.

Después de un momento, la gente empezó a irse. El espectáculo parecía haber concluido. Entonces, Francisco dijo:

—¡Vamos a casa!

Quiso acercarse a su esposa, pero se contuvo. Quiso poner la mano sobre la cabeza de su hija, pero no se atrevió. Quiso decirle algo a Enrique, pero guardó silencio.

Lentamente, empezaron a salir de aquel lugar sucio y maloliente. Francisco miraba a su alrededor; luego, dirigió la vista al cielo y observó la claridad que proporcionaba el sol que en ese momento estaba en su cenit. Calculó que sería el mediodía. Quiso preguntar por su hijo Miguel, pero siguió caminando sin decir palabra. Sin darse cuenta, había ocupado la delantera del grupo. Un poco detrás de él iba su esposa y más atrás, Enrique y Margarita.

Soltar las riendas del hogar

Muchos hombres proclaman cada uno su propia bon-dad, pero hombre de verdad, ¿quién lo hallará? Cami-na en su integridad el justo; sus hijos son dichosos después de él (de los Proverbios de Salomón)

AL CUMPLIR LOS 18 AÑOS, Andrés inició un periodo de rebeldía que se prolongó hasta los 21. Era el menor de tres hermanos, todos varones. Su padre se había esmerado por crear un ambiente agradable y de seguridad dentro del círculo familiar. Había logra-do desarrollar sentido de intimidad en la familia. Conversaba con los hijos, jugaba con ellos, atendía a sus preguntas y no los descuidaba en ningún momen-to. Los amaba, les ayudaba en sus deberes escolares y los alababa cuando había que alabarlos. Claro, cuando había que corregirlos, también lo hacía aunque procurando que la corrección, más que un castigo, fuera una lección susceptible de ser aprendida. Aunque contaba con la ayuda de su esposa que lo apoyaba en todo, nunca abandonó las riendas del hogar.

Pese a eso, Andrés se rebeló. Fueron tres años duros y dolorosos. En ese lapso, lo sorprendieron robando en una tienda y con eso sus problemas escaparon del círculo familiar para pasar a ser asunto público en el que tuvo que intervenir la policía de la ciudad. Andrés experimentó que una cosa es cometer disparates y errores dentro del círculo familiar —donde las reprimendas y castigos son aplicados por el padre sin que trasciendan el ámbito familiar—, y otra es cometer delitos contra la sociedad donde ya el hogar no tiene jurisdicción, y donde interviene la policía y es el juez el que aplica el castigo.

Al padre le tocó sufrir. Debido a su edad, cuando la policía detuvo a Andrés lo llamaron a asumir la responsabilidad del delito. Tuvo que afrontar la situación y, con pena y dolor, reprendió a Andrés delante de la policía. No sirvió de mucho, porque más tarde lo arrestaron de nuevo, esta vez por pintar letreros en las paredes.

Una noche, no llegó a dormir a la casa. Para el padre, aquella fue la gota que rebosó el vaso. Cuando se apareció de nuevo, le dijo:

—Hijo, veo que has encontrado algo mejor que tu hogar, y a alguien mejor que tu padre. Te ruego que tomes tus cosas y te vayas a donde te sientes mejor.

Andrés no dijo nada. Lo miró, se dirigió a su cuarto, tomó unas pocas cosas y salió de la casa. Pero no se fue a donde su padre suponía, sino que le pidió hospedaje a su hermano mayor, por ese entonces ya casado. El padre recuerda: «No estuvo bien lo que hice. Nunca corrijas a tus muchachos cuando estás enojado. En el caso de Andrés, al tratarlo como lo traté, tiré por la borda todo lo que le había enseñado. Al echarlo de la casa, me puse a la altura de un padre cualquiera que no tiene el más mínimo interés por su hijo. Y ese no era mi caso, ni tampoco mi deseo. Había cometido el pecado de "dar por sentado" que tantos males ha causado a tantas familias. Di por sentado que mi hijo había cambiado su hogar y a su padre por algo y alguien que le resultaba más grato. Y no era así. Lamentable error de mi parte».

Al día siguiente le escribió una carta. En esa carta le pedía perdón por la medida precipitada que había tomado. Cuando el joven la recibió y la leyó, lloró. En la carta le decía: «Perdóname, hijo, por haberte echado de la casa».

El joven reaccionó favorablemente.

—No, papá —le dijo—. Yo tengo la culpa. Perdóname a mí.

¿Qué habría pasado si aquel padre no hubiese tenido la valentía de pedirle perdón al hijo por lo que le había hecho? Quizás el hijo le hubiera dicho: «Papá, no creo ninguna de las cosas que me has dicho, ni tampoco tus consejos ni tus expresiones de cariño. ¿Así es como das amor cuando las circunstancias te aprietan un poco? No creo en ti».

Poco después el padre lo invitó a regresar a la casa, lo que el joven hizo sin mayor dilación. Pasó la rebeldía. Ahora aquel periodo de tres años es solo un recuerdo y en la historia de la familia, un hito para meditarlo.

Los patrones de violencia y abuso tanto como los de amor y protección, se repiten a través de las generaciones

Es interesante que al padre de Andrés también lo habían echado de la casa en su propia época de muchacho rebelde. Lo echaron más o menos como él mismo había echado a Andrés. ¿Será coincidencia que los esquemas de violencia y abuso, tanto como los de amor y protección, se repiten a través de las generaciones? No. No es coincidencia. Los estudios que se han realizado confirman lo que ya hemos mencionado en los capítulos anteriores: los patrones de buen o mal proceder se trasmiten de padres a hijos. El padre de Andrés había reaccionado de la misma forma que su padre. Y el dolor que había sufrido en su oportunidad lo había hecho sufrir a su propio hijo. Si alguien le hubiese preguntado cuando echó a Andrés de la casa si quería causar dolor a su muchacho, su respuesta habría sido que no. Con lo que él mismo había sufrido, bastaba. Pero el patrón de conducta que un padre imprime es tan fuerte que la acción se repite, a pesar del deseo de quien la aplica.

Dios no echa a nadie de la casa

Cuando Dios castiga, no echa a nadie de la casa. Más bien dice al hijo rebelde: «Hijo, juntos vamos a arreglar esto».

Jesús contó la historia de un hijo rebelde que,

cansado del bienestar, la paz y la prosperidad que disfrutaba en casa de su padre, decidió irse. Le pidió al padre la parte de la herencia que le correspondía y se fue a disfrutarla, viviendo perdidamente. Mientras le duró el dinero, tuvo muchos amigos, pero cuando el dinero se agotó, sus amigos desaparecieron.Empezó a sufrir privaciones y a pasar hambre. Alguien le ofreció trabajo de cuidador de cerdos. Al final se dijo: «¡Cuántos trabajadores en casa de mi padre tienen todo lo que necesitan, y yo aquí me muero de hambre!» Decidió volver a casa de su padre. Así como estaba andrajoso, sucio y hambriento, emprendió el camino de regreso.Iba lleno de remordimiento. Sus expresiones eran un auto reproche, como si quisiera decirse: «¡Qué tonto has sido! Tenías de todo en casa de tu padre, y quisiste ir a malgastar el dinero de tu herencia, y ahora tienes que regresar arrepentido y humillado, pobre y casi desnudo. ¡Bien merecido te lo tendrás si tu papá te pone de patitas en la calle!»

Pero su padre no había dejado de quererlo y añorarlo. Tanto deseaba que volviera que cuando lo vio llegar salió a su encuentro y abrazándolo, le dijo:

—Bienvenido, hijo. Creí que te había perdido para siempre. ¡Qué alegría que hayas regresado!

E hizo una gran fiesta para celebrar el regreso del hijo perdido.[1]

Cualquier parecido con lo que ocurre en nuestros días en circunstancias parecidas, no es coincidencia.

---

[1] Si deseas leer esta historia completa, busca en tu Biblia el capítulo 15 del Evangelio según San Lucas. La encontrarás bajo el subtítulo, *El hijo pródigo.*

En el caso de Andrés, como en el relatado por Jesús, hay una similitud que me interesa destacar en este capítulo: El padre nunca deja de tener en sus manos el control del hogar. Y este factor, a la larga o a la corta habrá de producir buenos dividendos. Es probable que Andrés y el hijo de la historia que contó Jesús hayan tenido aproximadamente la misma edad: unos 18 años. El hijo disfruta del cariño del padre, de un ambiente hogareño sano, de la bendita influencia de la madre, del compañerismo de sus hermanos. Disfruta además de las comodidades físicas y materiales que el padre aporta con su trabajo y dedicación al hogar. En otras palabras, tiene a su disposición todas las condiciones para desarrollarse plenamente. Pero aun así, se rebela. Lucha contra todos esos factores positivos que, en un sentido, han sido creados precisamente para él. Ejerce violencia. Quebranta las leyes del hogar. Decide irse. Amenaza con hacerlo. Y se va.

El padre de la historia de Jesús acepta la decisión de su hijo. El muchacho quiere irse de la casa. El padre no lo retiene. Andrés, con su actitud, estuvo enviando a su padre y a su familia mensajes que fueron interpretados como que le daba igual irse que seguir viviendo con ellos. En ambos casos, se crea una situación en que el padre no puede obligar al hijo a quedarse. La juventud pareciera querer experimentar por sí misma lo que hay más allá de las luces de neón que la atraen con sus guiños, como queriéndole decir: «Ven, que aquí está la vida. Aquí disfrutarás realmente de lo bueno... Ah, pero no olvides traer dinero, mucho dinero».

La juventud pareciera querer
experimentar por ella misma lo que hay
más allá de las luces de neón
que la atraen con sus guiños

Cuando yo me rebelé contra mi padre, más o menos a la edad en que Andrés lo hizo, me rebelé sin pensar en el dolor que le estaba causando a él y a los demás miembros de la familia. Mi padre no se merecía pasar por el dolor que le causé. Quizás el padre de Andrés tampoco. Pero en este juego comparativo, el papá de Andrés salió ganando porque recuperó a su hijo mientras él aún vivía. En el caso de mi padre no fue así. Mi cambio y retorno al hogar ocurrió cuando él ya había fallecido. Creo que partió llevando una dolorosa espina clavada en el corazón: la espina que su hijo rebelde, Daniel de León, le había clavado sin percatarse cabalmente de lo que estaba haciendo. Es una espina que ahora me mortifica, pero que también me acicatea para hacer todo lo que está a mi alcance para evitar que otras familias, otros muchachos, otros padres, pasen por idéntica o parecida situación.

En la paternidad bien ejercida, se corre el riesgo que corrió mi padre, el padre de Andrés y el padre del muchacho de la historia de Jesús. Pero lo importante es no renunciar jamás a ejercer el control del hogar.

Jorge y Anita, su segunda esposa, vinieron a verme en busca de ayuda. El primer matrimonio de Jorge, en el que tuvo dos hijos, fue un verdadero desastre. Había sido un deambular febril e interminable por las más abyectas rutas del vicio: drogas, pornografía, perversión sexual, orgías. Uno de los abuelos había violado al mayor de sus hijos cuando todavía era un niño. Ahora, a los 20 años, el joven está internado en un manicomio, acusado de violación de menores.

Jorge nunca asumió el liderazgo de su familia. Arrastró a su primera esposa a su propio estilo de vida, y le entregó las riendas del hogar. Aquello no duró mucho, y pronto se divorciaron.

En el periodo que transcurrió entre su divorcio y su segundo matrimonio, empezó a asistir a una iglesia y decidió hacerse cristiano. Su vida cambió en cuanto a sus vicios y desviaciones, pero no en cuanto a asumir el liderazgo de su nueva familia. Más bien, ha entregado de nuevo las riendas del hogar, ahora a Anita. Esta, decepcionada del comportamiento de su esposo, y en conocimiento de la historia de maltratos y vicios de su familia, ha llevado el liderazgo que ejerce en la familia hasta el extremo de no permitir a Jorge ninguna relación con sus hijos, de 5 y 8 años de edad, y prohibir terminantemente que el segundo hijo de su primer matrimonio se acerque a ellos.

Esta situación, ha perpetuado la infelicidad de Jorge. Cada vez que viene a verme, llora como un niño. Sin embargo, nunca ha dado muestras de querer cambiar. Ahora tiene cincuenta años de edad y teme enfrentar la realidad en que vive.

La actitud de Anita es comprensible, dadas las circunstancias que imperan en su hogar. Ella ama a sus hijos. Como no confía en la influencia de su esposo, levanta murallas de autodefensa. Estas defensas no solucionan el problema, pero a lo menos son una forma de evitar que sus hijos sufran lo que los hijos del primer matrimonio de Jorge sufrieron.

La situación sería diferente si Jorge fuera el hombre de la casa, el que en realidad vele por la prosperidad de la familia.

El castigo que libera de culpa

El tema del castigo a los hijos tiene tantas recetas como padres hay. Mucho se ha escrito sobre este aspecto de la vida familiar. Quiero señalar algo de lo que me indican mi experiencia como padre y lo que he logrado recoger en mi función de consejero, que es quizás lo más relevante.

Diré antes que nada que la función de aplicación de castigo corresponde por derecho al padre. El padre es la cabeza del hogar. Por cuestión de orden jerárquico, como lo señalamos en el capítulo anterior, es él quien debe tomar esta responsabilidad. No obstante, no se puede pasar por alto el hecho de que la madre es por lo general quien pasa más tiempo con los niños, especialmente en los días de su primera infancia. Ante esta realidad, su influencia es grande para corregir, orientar y formar. Pero esta función debe ejercerla más como una labor complementaria y colaboradora a la responsabilidad del padre que como una delegación deliberada de éste a ella. Cuando esto último ocurre, lo más probable es que se esté dando el fenómeno tan común en nuestra sociedad de que las riendas del hogar las maneja la esposa en lugar del padre. Y esto atenta gravemente contra la salud del hogar y el adecuado desarrollo de los hijos.

Veamos, entonces, los puntos que quiero señalar en relación con el castigo a los hijos:

1. Fijar las reglas. Los hijos deben irrumpir en un hogar que ya tiene fijados los términos dentro de los cuales se desarrollará el estilo de vida de los miembros de la familia. Cuando se establecen las reglas del juego se facilita la convivencia, eliminando el tan común «yo no sabía que...», o «papá, tú nunca me dijiste...». Para los hijos es mucho más fácil desarrollarse en un hogar donde se han establecido las fronteras, que en un hogar donde se actúa por impulsos según sean las circunstancias, donde cada uno hace como mejor le parece y donde, en último término, nadie respeta a nadie ni a nada. Cuando están definidas las reglas y leyes del hogar, al padre le resulta mucho más fácil ejercer su autoridad.

2. A primera infracción, una llamada de atención. La infracción a una ley del hogar por parte de uno de sus miembros debe dar origen a una primera llamada de atención, no a la primera de una larga serie de castigos. El castigo debe estar precedido de un análisis del tipo de falta cometida. El padre debe explicar al hijo infractor las implicaciones de quebrantar tal o cual ley, y el daño que produce pasar por sobre ella. No es difícil percibir en este punto un elemento que sea fundamental para evitar las infracciones y, por ende, los castigos. Es el diálogo que debe existir entre padre e hijos. El niño que es advertido con amor y con reflexión inteligente de los peligros a que se expone al infringir las leyes del hogar accede a sujetarse a tales leyes. Con eso el problema se reduce a su más mínima expresión.

3. A una segunda infracción, una advertencia. Cuando el niño infringe la misma ley por segunda vez a pesar de haber mediado una primera llamada de

atención, debe ser advertido de lo que ocurrirá si persiste. Es muy común que los padres inexpertos transformen esta etapa en un juego intrascendente y en absoluto contraproducente. ¿No has escuchado a padres decir a sus hijos, vez tras vez: «Si haces tal o cual cosa, te voy a castigar»? El niño persiste, y la advertencia nunca pasa de ser una advertencia inocua, sin sentido. La advertencia se debe hacer una sola vez, y en forma tal que el niño entienda con claridad lo que ocurrirá si persiste en desobedecer.

4. A tercera infracción, castigo. El castigo reflexivo libera de la culpa. El hijo que después de dados los pasos anteriores es castigado por su padre por persistir en su desobediencia entenderá que obtuvo lo que merecía.

El castigo no tiene que ser físico, pero debe aplicarse con el criterio de que el infractor está cancelando una deuda que contrajo con la familia. Es el mismo principio que se aplica en los tribunales ordinarios de cualquiera nación civilizada: se castiga la infracción, el error cometido, pensando siempre en preservar la dignidad de la persona y procurando su rehabilitación. El padre que se anticipa a los hechos por lo general aplicará bien la buena corrección.

5. La disciplina debe ser una constante en el hogar. El castigo es una circunstancia. A mayor disciplina, menor castigo. Cuando no ha habido disciplina, o cuando las leyes del hogar no están bien claras, el castigo agrava el problema.

Padres proactivos y reactivos

Aunque en el diccionario no encuentres la acepción

que nos interesa de los términos que empleamos en el subtítulo, los emplearemos con las siguientes connotaciones en cuanto a la forma de dirigir el hogar. Los padres proactivos son los que se anticipan a los hechos y actúan sobre la base de la reflexión y la preparación previa. Los padres reactivos son los que reaccionan ante un hecho ya consumado.

Gran parte de las emergencias
que ocurren a diario
podrían evitarse si se tomaran
a tiempo las medidas necesarias

Nadie puede conducir nada si no pone sus manos, su corazón y todas sus energías en la empresa. Solo en el mundo de la ficción pueden darse casos que contradigan esta afirmación. ¿Recuerdas al famoso cómico del cine mudo, Harold Lloyd? Si tienes aproximadamente mi edad, tendrás que recordarlo. Lloyd podía conducir un automóvil a gran velocidad a pesar del intenso tráfico de una ciudad, sin estar sentado al volante, sin tener las manos en la manivela, sin mirar hacia adelante... y sin preocuparse en lo más mínimo. Podía ir leyendo un libro, besando a una dama, peleando con un rufián o defendiéndose de un animal que se lo quería tragar y nunca o casi nunca tenía un accidente. Pero en la vida real eso es imposible.

El padre proactivo planea sus días y los días de sus hijos para estar siempre en control de cualquier situación que se presente. No espera que los sucesos lo sorprendan y lo obliguen a reaccionar de improviso. Prevé las emergencias hasta donde es posible hacerlo. Gran parte de las emergencias que ocurren a diario a nivel de personas, de comunidades, e incluso de naciones, podrían evitarse si se tomaran a tiempo las medidas necesarias.

Pongamos dos ejemplos para ilustrar este punto. Estalla un incendio en la ciudad. El fuego destruye veinte casas, cinco bomberos deben ser atendidos por principio de asfixia y se pierden millones de dólares. Esa es una emergencia. Los mecanismos que la ciudad tiene para defenderse de tales situaciones se movilizan prontamente para sofocar las llamas. Luego, se hacen las investigaciones pertinentes para conocer el origen del siniestro. Y en las investigaciones se descubre que las instalaciones eléctricas del sitio donde comenzó el fuego eran deficientes, antiguas y nunca habían sido reparadas. Si el propietario del edificio hubiese puesto atención a esa falla, el incendio se habría evitado y no habría habido emergencia.

Con este ejemplo en mente, podríamos decir que la persona encargada de mantener el edificio en buenas condiciones es un reactivo y no un proactivo.

Otro caso: Un hombre se desploma en la calle, víctima de un infarto. Acuden los paramédicos y lo trasladan rápidamente al hospital. En los exámenes queda en evidencia que la persona estaba un 40% por sobre su peso normal, lo que sugiere que había descuidado ese aspecto de su vida. Quizás ya estaba advertido del peligro de un infarto, pero no había tomado las medidas preventiva. Es otro reactivo.

En torno al tema de mantener el control sobre el hogar, hay infinidad de padres —espero que no seas uno de ellos— que son reactivos y no proactivos. Nunca se interesan por estar al lado de sus hijos, y nunca se interesan en estar con ellos en sus años formativos. Se dedican a trabajar, a acumular dinero o a tener una gran residencia con muchas cosas adentro. No trabajan en la construcción de la vida de sus hijos ni ponen dentro de ellos los valores que un padre debe poner (como son el sentido de disciplina, de autorrespeto, de perseverancia, de amor por los demás, de interés por lo que permanece más que por lo temporal, del aprecio equilibrado por el dinero y lo que se puede obtener con él versus la riqueza espiritual, que se obtiene sin dinero y que no se compra en la farmacia). Llegará el día cuando ese padre dirá: «Mis hijos no me quieren. No les interesa su padre, y buscan a su madre para cualquiera cosa. Creo que los he perdido. ¿Por qué?»

En la Biblia tenemos los casos de dos hombres que soltaron las riendas del hogar, y las consecuencias fueron funestas. Uno de ellos fue el sumo sacerdote Elí. El otro fue su sucesor, Samuel. Cuando Samuel hace su aparición en la historia bíblica, ya Elí es anciano y sus hijos, unos hombres. El tiempo de darles una formación adecuada ya ha pasado. Ahora Elí es incapaz de controlar la conducta de sus hijos, que cometen toda clase de tropelías amparados en la posición de su padre. La historia de Elí tiene un final trágico, porque su muerte prematura se produce precisamente por causa de la maldad de sus hijos.

El caso de Samuel es parecido. Si bien fue un hombre profundamente temeroso de Dios y su paso por la historia sagrada es brillante, sus hijos tampoco fueron criados como para hacer de ellos hombres que honraran a Dios y a su padre. El relato bíblico dice que cuando Samuel envejeció, puso a sus hijos por jueces sobre la nación; pero los hijos no anduvieron por los caminos de su padre, sino que se hicieron avaros, se dejaron sobornar y pervirtieron el derecho. Las consecuencias para la nación fueron también trágicas.

Muchas veces los resultados de un mal ejercicio de la paternidad no solo traen dolor al padre y a la familia, sino a toda una nación.

Leí en un periódico que dos jovencitas que en el tiempo de su crecimiento nunca tuvieron a su padre a su lado han presentado una demanda en su contra por 16 millones de dólares. Quieren que pague el daño que les causó con algo del dinero que logró acumular mientras debió haber estado con ellas. ¿Extraño, no te parece? Quizás no lo sea tanto si analizamos el caso en el contexto de lo que venimos diciendo. Aparentemente, este padre fue proactivo en cuanto a manejar sus negocios y hacerse millonario, pero reactivo en cuanto a criar a sus hijos y mantener las riendas del hogar.

En otra ocasión, un joven dijo: «Mi padre me había prometido que el sábado iríamos a pescar. Yo me preparé para disfrutar ese día con él, pero a última hora me dijo que no podríamos salir porque había adquirido un compromiso que le significaría una ganancia de mil dólares. Porque me puse triste y me eché a llorar, me dijo que me regalaría ese dinero para que yo me comprara lo que quisiera. Pero yo no quería el dinero. Lo quería a él. Era él el que me hacía falta, no el dinero ni lo que pudiera comprar».

En este caso, la actitud del padre fue demostrativa del poco aprecio que tenía por su hijo. ¿Cuántos de nosotros no hemos cometido idéntico error? Y una actitud así, ¿será simplemente un error, o tendríamos que calificarlo como abuso, violencia y atropello a los derechos que nuestros hijos tienen? De alguna manera, el padre reactivo está entregando el control de su hogar a las circunstancias. Dicho de otro modo, determina su comportamiento hacia la familia por lo que pueda surgir imprevistamente. La salida con el hijo a un día de campo no estará nunca segura porque en cualquier momento puede presentarse algo que en opinión del padre, sea más importante.

Este padre razona así: «El día de campo puede esperar; lo dejaremos para otra ocasión. Es más importante el dinero que me voy a ganar por unas pocas horas de trabajo extra porque, al fin y al cabo, ese dinero será para beneficio de mi familia, de modo que está plenamente justificada mi decisión». ¿Plenamente justificada? ¿El día de campo puede esperar? ¿*El hijo puede esperar*? ¡Qué error más grande, querido padre! *¡Ni el día de campo ni el hijo pueden esperar!* Porque cuando tú crees que tu hijo está allí, esperando a que te decidas a salir con él, ya el beneficio emocional de ese día de campo se habrá desperdiciado. Podrán venir miles más, pero aquel, precisamente aquel, no volverá a presentarse jamás.

El padre proactivo participa con sus hijos incluso en tareas que cualquiera pudiera considerar denigrantes o desmerecedoras de su masculinidad. Hoy día, cuando se hace cada vez más común que a los padres se les permita estar presentes en la sala de parto cuando sus esposas van a dar a luz, el padre proactivo estará allí para dar a su esposa el apoyo que necesita en esos momentos, y portará un gran letrero que diga: ¡Bienvenido, hijo! Luego, podrá ayudar bañándolo, cambiándole pañales, dándole el biberón, jugando con él. Le demostrará desde sus primeros días que es importante para él. Si lo ignora cuando pequeño, cualquier esfuerzo que quiera hacer para darle el lugar que se merece cuando ya sea adolescente se verá disminuido e incluso podría fracasar.

El padre proactivo demuestra entusiasmo, cariño y ternura en la forma en que trata a sus hijos. Se ríe con ellos, no de ellos; los edifica, no los derriba; refuerza el sentido de éxito, en lugar de criticarlos cuando las cosas no les salen perfectas; los guía y anima cuando se sienten desalentados por el fracaso.

El padre proactivo hace evidente a los ojos de sus hijos el amor, respeto, consideración y protección que brinda a su esposa. Crea en el hogar una atmósfera agradable a través de una actitud amorosa y paciente. De una atmósfera así necesariamente emergerán futuros padres igualmente afectuosos.

El padre proactivo enseña a sus hijos a respetar a los demás miembros de la familia, empezando por su madre; a las demás personas, a las autoridades, las leyes y a Dios. Instruye a sus hijos, en algunos casos sacrificando sus propios intereses, los involucra en sus proyectos; trabaja con ellos en reparaciones menores, en la limpieza del automóvil, en cortar el césped y en hacer el aseo de la casa cuando se trata de ayudar a la madre. Este ejercicio no solo enriquece la relación padre-hijos sino que prepara a éstos para que a su tiempo, hagan lo mismo.

El padre proactivo es el guía, el que controla el rumbo de la familia, el que pone en la mente de sus hijos sueños, visiones, la idea de tener éxito en el futuro. Es el que toma el barro que Dios pone en sus manos y dice: «Con la ayuda de Dios voy a formar esta criatura y voy a hacer de él todo lo que Dios quiere que sea». Es el que recibe el regalo, lo desenvuelve, lo aprecia y desarrolla.

Las fronteras del hogar son los hijos

El Imperio Romano cayó cuando perdió el control de sus fronteras. Las fronteras eran su punto más vulnerable. Las fronteras de la familia son los hijos. Cuando perdemos el control sobre ellos, perdemos la familia.

Mi padre protegió las fronteras de la familia. Hoy ya somos cinco generaciones. Ciento treinta personas que en cierto sentido viven seguros dentro de los términos de la familia. Las murallas siguen firmes. En ocasiones, los ataques de fuerzas extrañas y destructoras se hacen fieros, pero las fronteras siguen siendo inexpugnables. Pero para que esto ocurriera, fue necesario que el ciclo negativo encerrado en la frase, «...que visito la maldad de los padres sobre los hijos hasta la tercera y cuarta generación», se revirtiera. Un hombre, en este caso mi padre, tuvo la visión de hacer que en lugar de maldición la bendición de Dios visitara a su descendencia. ¿El secreto? No soltar jamás el control del hogar.

Familia A

Solo una objeción presentó Juan en su informe sobre la conversación que habían tenido con Roberto.

—Personalmente no tengo objeciones salvo que me parece que es un hombre demasiado religioso. Cuando Catalina y yo hablamos con él, nos repetía que la paz que tenía primero se la había dado Cristo, y luego su esposa. ¿Te das cuenta, mamá, que te estarías casando con un hombre demasiado fanático en materia de fe?

Juan hablaba por lo que era. En su hogar la fe nunca había tenido un lugar muy destacado. Creían en Dios, y acostumbraban agradecerle todo lo que les daba; pero pocas veces se había hablado de Jesús, y menos como el que da la paz que la gente necesita tener.

Catalina añadió:

—Yo quedé bien impresionada con Roberto. Me parece coherente. No lo percibo como fanático sino como una persona que ha tenido una experiencia espiritual fuerte y no vacila en decirlo. Creo que es un hombre decente, serio, sincero y responsable. Pienso que con todo lo fanático que pudiera ser, serías feliz con él, mamá.

—Hemos hablado mucho de Cristo con Roberto —dijo la madre de Catalina—. Y creo que he empezado a ver lo que él ha visto. Y lo que veo me parece que es lo más maravilloso que podría imaginarme.

Todos se quedaron en silencio. Jorge, entonces, dijo:

—¿Podrías hablarnos más de eso? Me interesa.

—Sí, como no. Nunca tuve una relación personal con Jesucristo. Creía en Dios y le rogaba que solucionara mis problemas. Creo que lo hizo, aunque no como yo quería. Lo que quería era que mi esposo volviera a casa, cambiara su estilo de vida y disfrutara de lo que tenía: un hogar amoroso. Pero hablando con Roberto, he logrado entender que la verdadera relación espiritual no es con un Dios semiabstracto que no se mete mucho en las cosas de los humanos y que permanece allá arriba, como protegiendo toda su creación, La verdadera relación espiritual es con un Jesús que vivió entre nosotros y, por lo tanto, puede entendernos e interpretarnos.

—¿Pero y ese fanatismo que detecta Juan? —preguntó Alicia—. ¿Te parece que Juan está exagerando un poco?

—¡Fanatismo! —respondió la madre de Catalina—. ¡Esa es una forma extraña de llamar a la actitud de la gente que ama a Cristo! Yo no fanatismo, sino fe sincera y activa. Mi ex esposo no tenía nada de fanatismo religioso, y ya saben el tipo de vida que nos dio. Roberto, en cambio, hasta ahora me ha respetado en todo sentido y cuando me habla, lo hace con el cariño que siempre deseé. A lo mejor Roberto es fanático, pero me gusta su fanatismo, y creo que yo también me estoy volviendo fanática.

Todos rieron. Juan dijo:

—Querida mamá, creo que el calificativo de fanático que di a Roberto no fue el más adecuado. Tus palabras me han empezado a mostrar algo que yo no había visualizado: una fe activa como tú dices. Creo que tendremos que hablar más de esto con Catalina, porque sospecho que vamos a tener que asociarnos con Jesús.

Todos volvieron a reír.

Estuvieron de acuerdo con que Roberto era un hombre aceptable. Hubo alegría al término de la reunión y se expresaron sinceros deseos de que hubiera muchas felicidades. ¡Habría matrimonio!

Familia B

Desde que Francisco había visto a su hijo Enrique haciendo lo que él mismo tantas veces había hecho con Enrique,
con Miguel y con la pequeña Margarita, había entrado en
una especie de semiinconsciencia. Llegaron a la casa caminando, después de más de una hora de haber abandonado el lugar debajo del puente y sin haber intercambiado
palabras en el camino. Francisco se paró en la puerta y
esperó que Margarita abriera. Luego, esperó hasta que ella
lo invitara a pasar.

Entró con la actitud de quien entra a una casa extraña.
Miró a todos lados, como si nunca hubiese visto antes lo
que se ofrecía a sus ojos. Aunque pobre y casi vacía, la casa
se veía ordenada y limpia. Dirigiéndose a Margarita, Francisco le dijo:

—¿Me permitirías pasar a tu cuarto?

Ella le dijo que sí y Francisco entró en silencio. Cerró la
puerta. Pasaron las horas y cuando ya oscurecía, Margarita quiso averiguar qué pasaba con él. Entró y lo encontró
de pie ante el espejo.

—¿Soy yo éste? —le preguntó después de unos segundos de silencio.

Margarita no supo qué responder.

—¿He sido yo éste todos estos años? —insistió.

Margarita le dijo, no sin cierto temor en la voz:

—Sí. Creo que sí.

—Si me permites —le dijo Francisco—, esto se acabó
para siempre. Ver a Enrique maltratando a su hermana y
golpeándote a ti fue el golpe que necesitaba para que
dentro de mí saltara en pedazos toda la mugre que se había
venido acumulando desde mis tiempos de niño. No sé cómo
ocurrió, pero solo sé que ocurrió. ¿Yo, maltratándolos
como lo hizo Enrique? ¿Estaba loco? ¿Cómo pude hacerlo?
¿Cómo pude malgastar años tan preciosos de mi vida, y

abusar tan miserablemente de ti, que siempre has sido la esposa más amante y paciente del mundo?

Mientras Francisco hablaba, las lágrimas le corrían por las mejillas. El cuerpo se le estremecía al sollozar, y Margarita no sabía qué hacer. Todo había sido tan rápido y tan extraño que no sabía cómo reaccionar. Quiso acercarse a él, pero Francisco se lo impidió.

—No. No te acerques —le dijo—. No me toques. Estoy sucio. Estoy contaminado. No soy digno ni siquiera de tu mirada. No tengo perdón ni de Dios ni de ti. ¿Cómo pude ser tan malo?

Cuando Margarita le sugirió que se bañara y se cambiara de ropa, le respondió:

—No, Margarita. Dame ropa limpia y me iré a bañar a otro sitio. No puedo hacer eso aquí en tu casa. Volveré en la forma en que debe entrar a una casa digna una persona decente.

Se fue con la ropa limpia en las manos. Margarita no estaba segura de que volvería, pero se dijo: «Volverá si lo que me dijo era cierto y las lágrimas que derramó eran sinceras. Si no, creo que esta habrá sido la última vez que lo vi».

Volvió cerca de medianoche. Era otra persona. Se había bañado, cortado el pelo y afeitado. Se veía distinto. Su esposa, Enrique y Margarita lo esperaban. Cuando lo vieron entrar, entendieron que una nueva vida comenzaba para la familia. No sabían cómo ni con qué consecuencias, pero les pareció percibir una luz diferente en la casa, una luz que nunca antes habían visto.

Pecado número **6**

Autodestruir su imagen de padre

¿A qué, pues, me haréis semejante o me compararéis? ¿No has sabido, no has oído que el Dios eterno es Jehová?... El da esfuerzo al cansado, y multiplica las fuerzas al que no tiene ningunas. Los muchachos se fatigan y se cansan, los jóvenes flaquean y caen; pero los que esperan a Jehová tendrán nuevas fuerzas; levantarán alas como las águilas; correrán, y no se cansarán; caminarán, y no se fatigarán (de las profecías de Isaías).

EN EL CENTRO DEL CAMPO de Marte en Roma estaba el Panteón, templo dedicado al culto de todos los dioses. En Grecia, los ciudadanos de Atenas habían llenado la ciudad con estatuas y monumentos levantados en honor de todos los dioses que el pueblo griego conocía. Y por temor a que por ignorancia se les quedara un dios sin rendirle tributo, habían construido un altar al «dios no conocido» Sin conocerlo lo honraban.[1]

El hombre tiende a buscarse ídolos, dioses, héroes. Las fuerzas de las tinieblas ofrecen villanos. Las fuerzas de la luz ofrecen héroes. La mitología se alimenta de esta peculiaridad del ser humano. Pablo se vio en problemas por esto mismo.

Eran los primeros años de la era cristiana. El apóstol Pablo y su compañero Bernabé se encontraban viajando por Asia Menor, y entraron en la pequeña ciudad de Listra. Los habitantes de Listra, al ver las cosas que hacían y al escuchar sus palabras, creyeron que eran dioses llegados del Olimpo. A Pablo lo tomaron por Mercurio, y a Bernabé por Júpiter. Quisieron adorarlos, para lo cual se aprestaron a adornar la ciudad con guirnaldas y a matar animales en sacrificio.

Si ha habido dos hombres grandes en la historia de la iglesia cristiana, esos son, precisamente, Pablo y Bernabé; pero Dios es el único digno de adoración. Pablo y Bernabé tuvieron que actuar rápidamente. Al ver tal despliegue de fanatismo religioso, y espantados ante la posibilidad de ser tratados como dioses, hicieron ver a la gente que eran tan humanos como ellos y los animaron a dejar lo que hacían.[2]

La historia de nuestros pueblos se nutre de hom-

---

1   Si quieres leer la historia completa relacionada con este incidente, busca en la Biblia el libro de Hechos de los Apóstoles, capítulo 17.

2   Si deseas leer la historia completa de esta confusión, busca en la Biblia el capítulo 14 del libro de Hechos de los Apóstoles.

bres que por sus hazañas adquieren categoría de héroes, o de ídolos, que en algunos casos viene a ser la misma cosa. Cuando no hay un militar o un político, los héroes se buscan en otros niveles más bajos: deportistas, cantantes, artistas de cine. Hay incluso los que a través de los millones de dólares que han logrado acumular como producto de sus negocios son vistos como ídolos a imitar. Los aspectos éticos y morales no importan; y si importan, los medios que crean se encargan de hacerlos irrelevantes.

Hay héroes que lo son de verdad y callan. Hace unos pocos años, el nombre de un médico colombiano brilló con colores destacados en todas las pantallas del mundo. El médico había descubierto la vacuna contra la malaria. Era el momento de agarrarse de ese globo aerostático y ascender a alturas envidiables entre los vítores de todo el mundo. Tenía en su mano todos los elementos para entrar con trompetas y fanfarrias en el Olimpo y quedarse allí para siempre.

Le empezaron a llegar ofertas millonarias para que recorriera el mundo dando conferencias, y para que vendiera por millones de dólares la fórmula. El doctor Carlos Patarroyo no quiso. No quería ser ni héroe ni ídolo. Optó por la humildad y la modestia. De acuerdo con el gobierno de Colombia, donó la fórmula a las Naciones Unidas, con prohibición estricta de que se comercializara para beneficio económico de nadie. Y él se quedó en su casa, en su laboratorio, trabajando como siempre, rodeado de su gente, de sus probetas y tubos de ensayo, del aire grato de su tierra y del reconocimiento sencillo de su pueblo.

Hoy día poco se habla del doctor Patarroyo. En muchos sentidos, dejó de ser noticia. La prensa internacional se ocupa de otras cosas y de otros personajes. Él sigue trabajando en la intimidad de su modestia sabiendo, como buen cristiano que es, que es mejor dar que recibir. Ni toda la gloria del mundo es comparable con un vaso de agua fresca que se pueda dar con amor al sediento o una dosis de vacuna que salve una vida.

Otros de esos héroes o ídolos silentes es Juan Rulfo, uno de los grandes escritores que ha dado América Latina en todos los tiempos. Nacido en Sayula, Jalisco, México, en 1918, escribió solo dos obritas. Nada más que dos: El llano en llamas (1953), que es una colección de cuentos cortos que no tiene más de 190 páginas; y *Pedro Páramo* (1955), una novela más breve aun que el anterior. Fue todo lo que escribió, pero bastó para que el mundo internacional de las letras lo quisiera exaltar a la categoría de ídolo.

Juan Rulfo nunca quiso aceptar tal promoción. Las grandes editoriales europeas y estadounidenses lo tentaron con grandes sumas para que escribiera otras cosas, pero su respuesta siempre fue: «No tengo nada que decir». Las universidades de todo el mundo lo quisieron pasear por sus augustas aulas dando conferencias, pero prefirió quedarse en su suelo mexicano, donde un día cualquiera, en el año 1986, falleció. La gente lo lloró, no como un ídolo o un héroe, sino como un humilde hombre de letras que con dos pequeñas obritas que se pueden comprar con unos pocos dólares en cualquier modesta librería sacudió los cimientos del mundo de la literatura universal.

Los ídolos siempre caen

Los ídolos o héroes que hace el hombre terminan

indefectiblemente reducidos a un recuerdo. Con el tiempo su figura se reduce a una efigie de piedra en algún parque o en un museo donde la gente acude a verlos más por curiosidad o por admirar el arte que para recordar hazañas añejas.

O. J. Simpson cayó prematuramente. La noticia de su arresto conmovió al pueblo estadounidense y fue llevada por los medios masivos de comunicación a todos los rincones de la tierra. Ídolo de millones de personas, niños, jóvenes y adultos por igual, O.J. Simpson era sospechoso del asesinato a cuchilladas de su esposa y un amigo de ésta. «No puede ser», decía la gente. «Tiene que haber un error. ¿O.J. Simpson asesino? ¡Imposible!»

Los meses siguientes mostraron al ex jugador de fútbol, un héroe para muchos, serio y cabisbajo al entrar y salir de la sala del tribunal acompañado de su equipo de abogados. Su estampa de ídolo invencible, de héroe seguro de sí mismo y dueño de toda la gloria humana que mortal alguno puede desear, había desaparecido. Ya no era más que un ciudadano que tenía el deber de convencer al mundo de su inocencia.

El estupor inicial fue poco a poco reemplazado por la curiosidad. Luego llegó la incertidumbre; y finalmente, la incredulidad. Cuando lo declararon inocente, la reacción fue mixta. Hubo alborozo entre quienes seguían creyendo en su inocencia, dolor y frustración entre quienes pensaban lo contrario. Para mostrar la reacción de la gente se usaron kilómetros de cinta de vídeo, cientos de páginas de periódicos y revistas y miles de horas-radio. Uno de los periódicos más famosos de los Estados Unidos tituló así una de sus espectaculares crónicas: «O.J. Simpson: El héroe caído».

La justicia lo absolvió. No se pudo probar su culpabilidad. Quedó en libertad de seguir con su vida. A partir del día que se dictó sentencia absolutoria, O.J. Simpson va y viene como una persona que no le debe nada a la justicia humana. Pero ya no es el mismo. Su imagen de héroe se deterioró. El ídolo que se había ganado el cariño de millones de personas en este país, había caído. Alguien le atribuyó la frase: «¡Ya nadie me respeta!» Después de cerrado el caso, muchos, muchísimos de los jovencitos estadounidenses que lo admiraban y aspiraban llegar a ser como él andan en busca de otro héroe, otro ídolo que no los defraude como O.J. Simpson.

Hay otro personaje que no fue grande por lo que hizo ni por la admiración de los hombres, sino que fue grande, hermoso y talentoso porque Dios mismo lo hizo así. Se le conocía como Lucero, hijo de la mañana. Dios tenía planes excelsos para él, y lo situó en una posición de privilegio respecto de los demás seres angelicales.

Un día todo cambió. Lucero pretendió ascender *motu proprio* a alturas aun mayores y rivalizar con Dios mismo. Pero aquel personaje casi perfecto cayó y hoy se le conoce como Lucifer, Satanás o diablo. Leamos lo que nos dice el relato sagrado sobre su gloria y posterior caída:

Eras cuño de perfección, colmo de sabiduría, de acabada belleza;
estabas en un jardín de dioses,

revestido de piedras preciosas: cornalina, topa-
cio y aguamarina;
crisólito, malaquita y jaspe,
zafiro, rubí y esmeralda;
de oro afiligranado tus zarcillos y dijes,
preparados el día de tu creación.
Te puse junto a un querube protector de alas
extendidas.
Estabas en la montaña sagrada de los dioses,
entre piedras de fuego te paseabas.
Era irreprensible tu conducta desde el día de tu
creación
hasta que se descubrió tu culpa.
A fuerza de hacer tratos,
te ibas llenando de atropellos, y pecabas.
Te desterré entonces de la montaña de los dioses
y te expulsó el querube protector de entre las
piedras de fuego.
Te llenó de presunción tu belleza
y tu esplendor te trastornó el sentido;
te arrojé por tierra, te hice espectáculo para los
reyes.
Con tus muchas culpas, con tus sucios negocios,
profanaste tu santuario;
hice brotar de tus entrañas fuego que te devoró;
te convertí en ceniza sobre el suelo, a la vista de
todos.
Tus conocidos de todos los pueblos se espantaron
de ti;
¡siniestro desenlace!, para siempre dejaste de
existir.[3]

«Las alturas marean», dice el refrán popular. La

gloria humana —o celestial, como fue el caso de Lucifer— es peligrosa si el ser creado no tiene la habilidad de manejarse con decoro, modestia y ecuanimidad cuando alcanza la categoría de héroe o ídolo.

En algún sentido, la imagen de Lucifer es modelo para muchos de los ídolos y héroes que el hombre gusta de exaltar. Cuando una persona, gracias a alguna capacidad especial y determinada como podría ser el deporte, es exaltada a la categoría de héroe, de ídolo, corre el riesgo de creerse indestructible, de pensar que gracias a los vítores de las multitudes está por sobre las leyes y las reglas del buen vivir. Y si añadimos al riesgo el factor que constituyen los «amigos por conveniencia» que rodearán al ídolo mientras puedan obtener de él algún beneficio económico, podemos entender que el escenario está montado para que en un momento o en otro el ídolo caiga, convertido en pedazos.

El héroe escondido

Hace poco, se realizó en los Estados Unidos una encuesta entre varios miles de niños para saber quien era el héroe para ellos, o a quien admiraban más. La muestra se tomó estando presentes los padres de los niños. El ídolo que mayor puntaje obtuvo fue Michael

---

3   El relato corresponde a la profecía de Ezequiel 26.12-19 y está tomado de la «Nueva Biblia Española», Ediciones Cristiandad, Madrid, España, 1976, pp. 982-983. También se encuentra en Isaías 14.12-19. Se entiende que es una referencia al rey de Babilonia, aunque tipológicamente pareciera ser una referencia a Satanás.

Jackson, seguido por artistas, cantantes y uno que otro deportista famoso del cine y la televisión.

Idéntica encuesta, llevada a cabo entre adolescentes, arrojó muy parecidos resultados: primero, Michael Jackson; luego, figuras de la música rock y algunos deportistas.

Ninguna de las encuestas arrojaron que más de un 30% de personas señalaran a su padre como su héroe.

No hay duda que la imagen del padre como jefe del hogar se ha deteriorado en los últimos años

---

No es difícil determinar las causas que han provocado que la imagen del padre como jefe del hogar se haya deteriorado hasta los niveles en que está en el tiempo presente.

Una de ellas, no cabe duda, es la mala paternidad. Hace poco, Oprah Winfrey llevó a su programa a Denny Rodman, el conocido basquetbolista de los *Bulls* de Chicago, tan famoso por su talento como jugador como por sus estrambóticos tatuajes y su pelo teñido. Rodman confesó no conocer a su padre. Cuando se le preguntó cuál era la persona más importante de su vida, se echó a llorar.

—Tu hija de cuatro años, ¿verdad? —le dijo Oprah.

Dijo que sí. No obstante, su esposa declaró que solo la ve de tarde en tarde y que, pese a ganar millones de dólares al año, casi no le da dinero para su manutención. Rodman declaró que los tatuajes no fueron idea suya, sino de su esposa. Y afirmó que las influencias más importantes de su vida han sido su madre, su esposa y su hija. No hay registro de un padre que hubiese influido en su vida. Quizás habrá que decir lo mismo de su hija.

Otra de las causas es la comercialización de imágenes de hoy día. En las películas y programas de televisión nos presentan imágenes que no son de padres hogareños, amantes de sus hijos, dedicados a su casa, respetuosos de sus esposas. La imagen de un hombre así no vende. Vende la de aquel héroe de papel que lucha contra el mundo y lo vence. Vende la de aquel que exacerba los instintos animales del ser humano. Vende la de aquel que se para delante de una multitud de jóvenes y con el torso desnudo y lleno de tatuajes de demonios, serpientes y sangre canta a la violencia, a la muerte. Vende la del que aplasta a sus enemigos como a cucarachas y nunca resulta herido gracias a la magia del cine y la televisión; y si en alguna ocasión lo hieren, milagrosamente se recupera y sigue demoliendo gente y pisoteando principios cristianos hasta el cansancio. La esposa está demás, los hijos estorban, el ambiente hogareño resulta demasiado cursi.

Estos son las imágenes que están entrando día a día a la intimidad del hogar latino. Día tras día están diciendo a nuestra juventud que Michael Jackson, Dennis Rodman, *Aerosmith* o *The Cure* son los ídolos más grandes y dignos de imitar; que con solo tratar de ser como ellos, la gloria estará asegurada.

Padre ausente, débil y reactivo

Si en el seno del hogar hay un liderazgo paterno firme, las influencias del mundo exterior no podrán tomar control de la mente de nuestros hijos. Si el padre está consciente de la lucha que debe librar con las fuerzas que hemos mencionado y se equipa adecuadamente no solo para luchar sino para vencer, se evitará lo que ocurrió hace algún tiempo en un país sudamericano.

Se cuenta de un padre en América del Sur nunca dio demasiada importancia a la música que su hija adolescente escuchaba, ni a los discos que compraba, ni a los afiches que adornaban su cuarto, ni a las revistas que la niña buscaba y leía con verdadera avidez. Las veces que se percató de esto, se dijo que eran cosas de niños que pronto serían etapa superada. De lo que el padre no se percataba era de que la adolescente, hermosa e ingenua, había sido atrapada por los mensajes de muerte de un grupo de rock al que admiraba con toda su inocencia de niña que apenas está asomándose fuera de los límites de su casa.

Un día se produjo un desenlace violento y triste. Ocurrió cuando ese grupo de música anunció una presentación en el país. La muchachita se dispuso a asistir y su padre se lo prohibió. Hubo discusiones, lágrimas, ruegos, y el padre se puso firme. Pero el ponerse firme precisamente entonces resultó trágicamente tarde. Cuando la hija entendió que la decisión de su padre era irrevocable, se encerró en su cuarto y se descerrajó un tiro en la cabeza junto a los afiches de sus ídolos. Sin sus ídolos, la vida para ella no tenía sentido.

En un padre inmaduro la excesiva firmeza puede

ser contraproducente. Un padre inmmaduro emocionalmente querrá imponer su autoridad mediante la fuerza. Su actitud será: Yo ordeno y se me obedece, guste o no guste. Esta forma de ejercer autoridad puede dar buen resultado en lo inmediato, pero las consecuencias podrían ser lamentables si al llegar a la edad de tomar sus propias decisiones, o por apresurar la llegada de esta etapa en su vida, los hijos se sacuden esa autoridad irreflexiva y adoptan una rebeldía que puede traer muy malos resultados.

Un padre que se desconecta de sus hijos y que ignora lo que estos hacen fuera o dentro de casa, quiénes son sus amigos, cuáles son sus preferencias musicales, qué leen y qué lugares frecuentan, en qué grado están siendo cautivados por los juegos de video o con qué frecuencia transitan por las supercarreteras del Internet estará absolutamente limitado para tomar las riendas del hogar cuando se presenten las crisis.

Un padre débil genera su propia debilidad. Y esa misma debilidad la proyecta hacia los demás, particularmente a sus hijos. En lugar de crecer y desarrollar su carácter con cada situación que enfrenta dentro del círculo familiar, al ser manejado por la situación y darse por satisfecho con salir del paso de la mejor forma posible está aumentando su debilidad y su dependencia de otros y de las circunstancias. Al mismo tiempo, estará traspasando a sus hijos esa misma actitud de debilidad.

Un padre débil genera su propia debilidad y la proyecta a sus hijos y a todos los términos de su familia

Un padre débil cuyo liderazgo no es suficiente para que sus hijos lo consideren un héroe y menos su ídolo está empujando a sus hijos a buscar un modelo fuera de casa y a ser padres y madres fracasados, cuando les llegue el tiempo de la paternidad.

Un padre débil no podrá dar consistencia a su hogar y en lugar de que este sea un remanso de paz, de seguridad, de amor para sus hijos, resultará un lugar al cual el espíritu de los niños se resista a retornar al final de su tiempo diario en la calle. Los hijos que detestan el tipo de ambiente que encuentran al llegar prolongan su permanencia fuera hasta donde la libertad irreflexiva que les da su padre se los permite. Y si es del caso, optarán por irse para siempre.

Consecuencias tristes

Apareció hace algún tiempo en la televisión de los Estados Unidos un anuncio en contra de la violación sexual de menores. Se mostraba a una pequeña niña triste con lágrimas corriéndole por las mejillas y atemorizada. Con una mirada inocente y de profunda pena, decía: «El lugar donde yo esperaba tener más seguridad se ha tornado en el lugar que más me aterroriza». En su hogar, como en tantos hogares, la imagen del padre como ídolo de sus hijos se fue al suelo, o quizás jamás existió.

Los problemas que engendra la ausencia del padre o la presencia de un padre débil son muchos. En estudios realizados por especialistas de la Universidad de Columbus, Georgia, sobre los problemas sociales de las familias donde solo está la madre se llegó a la conclusión de que muchos de esos problemas no existirían si el hogar contara con la presencia del padre.

El Departamento de Salud de Albuquerque, Nuevo México, ha hecho un estudio sobre el comportamiento en las escuelas de niños especialmente violentos. El informe dice que los niños que procedían de hogares sin padre eran once veces más violentos que sus compañeros que venían de hogares con ambos padres.

La Universidad de Columbia ha encontrado que las hijas de madres solteras son más propensas a vivir una vida promiscua; es decir, de nuevo la ausencia del padre incide directamente sobre el futuro de los niños nacidos en condiciones irregulares.

La Universidad de Oulu, Finlandia, encontró que el más alto porcentaje de niños adictos al alcohol procedían de hogares donde el padre estaba ausente.

Pero no hay que ir a estudiar el comportamiento de niños, adolescentes o adultos al otro lado del mar para descubrir las tristes consecuencias de un padre inexistente. Miremos a nuestro alrededor, vayamos a cualquiera de nuestras capitales latinoamericanas y hablemos con aquella muchedumbre de niños que deambulan hasta altas horas de la noche por las calles y que luego se echan a dormir en cualquier rincón. Preguntémosles por su experiencia como miembros de una familia y parte vital de un hogar. La mayoría nos dirá que no conocen a su padre, que su padre es alcohólico, que su padre abandonó a su familia o que simplemente ha hecho caso omiso de él y de sus hermanitos. Y la opinión será siempre la misma: «Prefiero la calle. Aquí por lo menos tengo amiguitos. En mi casa no tengo nada».

Una noticia buena y otra mala

Lamentablemente en torno a este situación hay una noticia buena, pero también una noticia mala.

La noticia buena es que los hombres que aun no han contraído matrimonio, o los que están empezando a estructurar su hogar, tienen aquí una advertencia oportuna y pertinente, susceptible de ser tomada en cuenta para disfrutar de un presente grato y un futuro feliz.

No todos, sin embargo, encuentran ese consejo oportuno. «¡Cómo habría querido que alguien me hubiese dado algunos consejos cuando empezaron a nacer mis hijos!», me dijo alguien en cierta ocasión. Muchas parejas van al matrimonio apenas con el deseo de vivir juntos. Los hijos empiezan a llegar y se encuentran con padres que actúan por instinto más que sobre la base de una conducta planificada. Si el joven padre es un muchacho bien formado, de buenas costumbres, respetuoso de los principios que rigen su hogar y que está dispuesto a luchar por fortalecerlos, a sus hijos no les irá tan mal aunque no tenga todos los conocimientos que se requieren para establecer un hogar. A lo menos tienen un padre que velará por ellos aunque su experiencia previa no sea mucha. Pero si esos mismos hijos llegan a un hogar donde el padre trae un historial de mala formación y como consecuencia llega al matrimonio con malos hábitos que no está dispuesto a dejar al producirse su cambio de vida, esos hijos van a tener serios problemas.

¿Cuál es, entonces, la buena noticia? La buena noticia es que hay formas por las cuales el padre que quiere puede construir un hogar firme, sólido, con hijos sanos física, emocional y espiritualmente. Este libro contiene una infinidad de advertencias, sugerencias, consejos, llamadas de atención, incluso sutilezas que se harán visibles después de una lectura detenida y reflexiva. Hay forma de romper el ciclo negativo. Lo único que se requiere por parte del padre es una firme voluntad de hacerlo. A partir de ahí, tiene disponibles una serie de recursos, incluyendo consejería profesional.

El consejero profesional puede ayudar mucho, pero necesita la ayuda de la persona que acude a él. Llámese sicólogo, ministro cristiano, consejero matrimonial o como se llame, necesitará dos cosas:

- La decisión del padre —o en algunos casos de ambos padres— de hacer todo lo que esté a su alcance para revertir la situación de su hogar y transformar lo malo en bueno y lo bueno en excelente.
- Tener un panorama completo de la situación del hogar. Por lo general, los consejeros, como los abogados defensores, necesitan tener co-

nocimiento de todos los detalles para poder sugerir medidas eficaces.

Una advertencia se hace necesaria, sin embargo, acerca de los consejeros profesionales: hay que conocer sus antecedentes. No quiero decir necesariamente que el cliente debe investigar al profesional, pero hay que saber sobre qué bases aconseja. ¿Están sus consejos en concordancia con la Biblia? El mundo secularizado, y particularmente las universidades que forman profesionales en sicología o en consejería matrimonial, han pretendido reemplazar la Biblia con tratados especializados escritos desde una perspectiva científica. Tales tratados y los nombres de los eruditos que los escribieron llegan a ser «la biblia» de los esos profesionales. Se deja la Biblia a un lado por obsoleta. Sin embargo, este libro, que muchos llaman El Libro, contiene toda la sabiduría que el hombre necesita para estructurar su vida y la vida de su hogar en una forma inmejorable. Todo pensamiento, toda teoría, todo análisis, todo consejo debe ser confrontado con la Biblia. Si resiste el análisis, es bueno; si no lo resiste, cuidado con su aplicación, porque puede resultar que el remedio sea peor que la enfermedad.

El consejo queda claro. A la hora de consultar a un profesional, es bueno estar al tanto del lugar que la Biblia ocupa en su trabajo profesional. Y como es bueno estar en condiciones de cotejar su consejería con lo que dice la Biblia, es necesario que usted tenga una Biblia, que la lea sistemáticamente, y que la consulte cada vez que haya una duda o se requiera de una luz especial sobre tal o cual problema.

La mala noticia es que, como decíamos en el capítulo anterior, hay un tiempo para moldear esa arcilla que se ha puesto en nuestras manos que son nuestros hijos. Cuando ese tiempo pasa, ya no se puede hacer nada. Si tú que lees este libro fuiste un padre ausente, un ídolo caído, un antihéroe en tu casa, es muy poco lo que puedes hacer ahora. Tus hijos ya crecieron, seguramente volaron ya del nido y están haciendo su propia vida. No vayas ahora a ellos con consejos. Dáselos si te los piden. Hasta donde te sea posible, busca el diálogo con ellos, pero ya no de padre a hijo, sino de amigo a amigo. Aunque un padre quizás no pueda hacer mucho por sus hijos cuando éstos ya son adultos, un buen amigo sí que puede ser muy útil.

Invierte en tu descendencia porque aunque llegue el día cuando tú ya no estés, seguirás siendo tú en la vida de tu prole

---

Por otra parte, todavía te queda mucho capital sobre el cual velar: tu propia vida, tu esposa, tus nietos. Ellos necesitan lo mejor que les puedas dar. Si no amaste tu vida hasta aquí, empieza a amarla. Si tu esposa fue una mujer maltratada por un esposo insensible, y si aun sigue contigo, demuéstrale que aunque están en el crepúsculo de la vida quieres darle el trato que siempre mereció. Ámala y demuéstrale tu amor. Protégela y cuídala, que todavía hay tiempo para darle momentos de felicidad.

A tus nietos, y dentro de los límites que te permite

tu condición de abuelo, incúlcales lo bueno que no enseñaste a tus hijos. Dales lo que no diste a tus hijos. En cierto sentido estarás invirtiendo en tu descendencia, en tu futuro, porque aunque llegue el día cuando tú ya no estés, seguirás estando en tu prole.

Familia A

La boda de Roberto y la madre de Catalina fue íntima y sencilla. Deliberadamente los desposados prescindieron de cualquiera manifestación que pudiera desentonar con el pasado de cada uno. La madre de Catalina había perdido a su esposo mucho antes que lo mataran en una reyerta de borrachos, y no había sabido cabalmente lo que era el amor limpio y puro de un esposo; y Roberto había quedado viudo cuando recién empezaba a disfrutar del privilegio de amar y ser amado. Ambos, a su manera, entraban en este segundo matrimonio con una pesada carga emocional, pero con grandes esperanzas de hacer juntos una vida feliz.

En el periodo que había ido desde la reunión de la familia para que Juan y Catalina comunicaran el resultado de su charla con Roberto hasta el día de la boda, se había hablado bastante de Cristo.

Jorge y Alicia no habían dejado de sorprenderse cuando Roberto los fue introduciendo en el conocimiento de su carácter. Tanto interés desarrollaron que se compraron una Biblia y empezaron a leerla juntos. Luego, buscaron una iglesia y empezaron a asistir. Un día, Jorge le dijo a su esposa:

—¿No te parece increíble que durante toda mi vida haya estado tratando de vivir como Jesús, y nunca lo había conocido? Nunca había leído lo que dijo, los consejos y mandamientos que dio, los milagros que hizo, su liderazgo tan maravilloso, su divinidad. ¿Cómo lo explicas?

—No tengo explicación, salvo que pienso que Dios tenía todo preparado para que Roberto viniera a incorporarse a la familia y nos trajera la luz que significa conocer al Hijo de Dios. Casi me atrevo a pensar que incluso la muerte de su primera esposa hizo posible que nosotros llegáramos a conocerlo.

Así había sido. Juan y Carolina también hicieron de los cuatro Evangelios su lectura favorita. «Solo Jesús nos puede dar la sabiduría que necesitamos para ayudar a la gente», decían. Además, gracias al nuevo conocimiento que tenía, a la buena formación que había recibido en su hogar, y claro, a su preparación universitaria Juan desarrolló un liderazgo espiritual sobresaliente en su casa y fuera de ella. Sus cuatro hijos aprendieron desde pequeños a amar a Jesús, y para cuando ya eran unos jóvenes, toda la familia asistía a la iglesia. Uno de los versículos que más agradaba a Juan era aquel que dice que el niño Jesús «crecía en estatura, en gracia y en sabiduría para con Dios y los hombres». Trató de que tal fuera la experiencia de sus propios hijos.

A partir del casamiento de la madre de Catalina con Roberto, se había hecho una norma en toda la familia de que Jesús fuera el huésped invisible de sus casas y de sus vidas. Ester y Gloria se casaron con muchachos creyentes y formaron, a su vez, hogares donde se seguía honrando el nombre de Jesús. Igual cosa ocurrió con Carlitos y Lucía. Después de algunos años, la familia se había multiplicado y la fe cristiana también.

Roberto pocas veces hablaba a sus parientes y amigos de lo bueno que era ser religioso. Él creía que tiene sus méritos serlo, pero más meritorio es que la gente viera a Jesús a través de la vida de los que creen y siguen sus enseñanzas. Eso había sido lo que había transformado la vida de su nuevo círculo íntimo.

Familia B

De los cinco miembros de la familia, todos menos Miguel estaban sentados esa noche a la mesa. Nadie hablaba. Todavía, la tensión del día anterior se sentía pesada en el ambiente. Cuando terminaron la cena, Francisco les pidió que se reunieran en la sala para conversar. «Es la única manera en que podemos tratar de poner las cosas en su lugar», pensó.

Como su padre, Enrique se sentía amargamente avergonzado. Mientras más pensaba en lo que había hecho, menos lo entendía. Nunca le había levantado la mano a su madre y siempre había protegido a su hermana. Las palabras de Miguel, «Ningún hijo debe golpear a su padre, por más malo que este sea», las había aplicado invariablemente en la relación que había tenido con su madre y su hermana. Por eso, cuando recordaba el furor con que las había maltratado, se sentía avergonzado, humillado. Miraba a Margarita, quien permanecía también en silencio.

El aspecto de Margarita no era de enojo, sino de tristeza. ¡Tantas veces había sido golpeada! Tantas veces había sido arrastrada por el suelo que una vez más casi le era indiferente. No obstante, si Enrique hubiese podido leer sus pensamientos, se habría encontrado con una Margarita sumamente acongojada que se preguntaba: «¿Por qué Enrique hizo eso conmigo? ¿Por qué él, que siempre nos protegió, nos golpeó de esa manera?»

Pero ya habría tiempo para la reconciliación, cuando todas las angustias acumuladas durante tanto tiempo dieran paso a la paz y de ahí, a la lenta restauración interior. Sería un proceso largo, pero consistente y definitivo. Había reservados días mejores para ellos.

Cabizbajo, Francisco habló y dijo:

—Margarita sabe cómo fue mi infancia. Sabe cuánto me odió mi padre y cómo crecí bajo el signo de ese odio. Sabe las veces que mi padre me golpeó y las veces que estuve a punto de matarlo, o a lo menos hacerle pagar algunos de los abusos que cometió conmigo. Lo extraño es que cuando me casé y nacieron ustedes, el mismo odio de mi padre empezó a dominarme y a determinar mi actitud hacia mi familia. Yo no lo entiendo, pero pareciera ser una maldición que va pasando de padres a hijos, de generación a generación.

Todos lo escuchaban en silencio. Se emocionaban cuando a su padre se le quebraba la voz y lloraban con él cuando le corrían las lágrimas. Francisco prosiguió:

—El abandono que hice de mi casa, de mi esposa, de mis hijos y de mí mismo podría explicarse diciendo que huía de mi imagen de padre fracasado. Nunca pude verme como realmente era, hasta que ayer me vi reflejado en ti, Enrique. Al verte golpeando a tu hermana y a tu madre, me vi a mí. Ese no eras tú. ¡Ese era yo! Y creo que todo eso lo permitió Dios para traerme a la realidad de una nueva manera de vivir. Ayer algo se rompió dentro de mí. Algo sucio, maloliente, horrible. Pero al mismo tiempo, siento como si mis indignidades hubiesen sido barridas por un viento saludable y una lluvia bienhechora. Ahora me siento otra persona.

Todas estas palabras las dijo en forma entrecortada. Al final, todos lloraban. Se abrazaron, y la paz y el perdón los cubrió. De nuevo, o por primera vez, eran una familia.

Les quedaba, sin embargo, un trabajo por hacer: buscar y encontrar a Miguel. No sería fácil, pero lo intentarían.

Renunciar al liderazgo espiritual

«Y si mal os parece servir a Jehová, escogeos hoy a quien sirváis... pero yo y mi casa serviremos a Jehová» (palabras de Josué, líder israelita del Antiguo Testamento)

MOISÉS, EL HOMBRE QUE GUIÓ al pueblo de Israel por el desierto hasta dejarlo a las puertas de la Tierra Prometida, había muerto. Salvo un error que le significó no poder entrar al frente del pueblo a la Tierra Prometida, supo cumplir con la gigantesca empresa que Dios había echado sobre sus hombros, empresa que se proyectaba en todas las áreas de la vida de ese pueblo peregrino e incrédulo. Era necesario que otro líder asumiera la tarea de guiar al pueblo en la etapa final de una empresa que se había prolongado por cuarenta años: entrar a la tierra de Canaán y conquistarla.

Algunos opinaban que había un gran problema. ¿Quién sería capaz de reemplazar a Moisés. Lo cierto es que la preocupación estaba muy justificada. Muy difícil sería encontrar a alguien de la talla espiritual de Moisés, que ya había muerto. De él se había dicho que «nunca más se levantó profeta en Israel como Moisés, a quien haya conocido Jehová cara a cara; nadie como él en todas las señales y prodigios que Jehová le envió a hacer en tierra de Egipto, a Faraón y a todos sus siervos y a toda su tierra, y en el gran poder y en los hechos grandiosos y terribles que Moisés hizo a la vista de todo Israel» Sin la debida talla espiritual, el pueblo estaba perdido. De las buenas relaciones con Dios dependían todas las demás cosas.

No fue fácil para Moisés entender esto, y menos lo fue para el pueblo que dirigía. Para muchos de los padres de hoy tampoco es fácil esta gran verdad. Pero la realidad es que todos los padres tienen el deber de ejercer un liderazgo multifacético dentro de sus hogares y en el interior de sus familias.

El mundo secularizado no lo hace ver así. La sociedad del mundo parece empeñada en plantear las cosas por la cola. Lo principal, parecen afirmar, es lo material. Primero la casa; luego, la comida; luego, el vestuario; luego, la diversión («pues claro, hay que divertirse también, no todo va a ser trabajar»); luego, una casa más grande, comida más cara, ropa de marca. Disneyworld, Cancún o Mar del Plata. Un auto. Dos. Tres. Dinero en el banco. La educación de los hijos («la universidad está cada día más cara. Ya en este mundo no se puede vivir»). «¿Vacaciones? ¿Qué te parece Israel?» «¡Pues me parece muy bien!» «¿Vamos?» «¡Vamos!» Y hacia allá partimos, a seguir la ruta del Maestro de Galilea aunque solo sea por decir que estuvimos en Tierra Santa porque donde anduvo. Lo que hizo y lo que dijo el Maestro de Galilea no importa mucho.

Y el aspecto espiritual de nuestro liderazgo ¿dónde quedó? ¿Liderazgo espiritual? —nos parece oír—. ¿Para qué? En esta casa, habiendo pan, techo y abrigo, que cada uno se las arregle como quiera en cuanto a lo demás.

¿Liderazgo espiritual?
En esta casa, habiendo pan, techo y abrigo, lo demás que cada uno se las arregle como quiera

---

Afortunadamente, el liderazgo espiritual, que es el tema de este último capítulo, no lo maneja el hombre: lo establece Dios. Nadie, por más que se esfuerce, puede ejercer un liderazgo espiritual si no cuenta con la ayuda de Dios. Por otro lado, cuando Dios entrega esta responsabilidad al hombre, éste no la puede delegar ni renunciar a ella. No puede decir: «Perdone, pero no cuenten conmigo para esto. Casa, vestuario, alimentación, viajes de placer, todo lo que quieran, pero liderazgo espiritual, que se encargue mi esposa. Además, para eso está el pastor, el sacerdote o el rabino. Ellos lo saben hacer bien. Yo, no».

Seamos totalmente francos. Las cosas en este ámbito no funcionan así. Cada padre de familia está llamado a ejercer con absoluta prioridad un liderazgo espiritual. Esta es una tarea que no se puede eludir. La cumplirás bien, regular o mal, pero de todos modos la tendrás que cumplir. Los resultados de la calidad de tu liderazgo espiritual se verán pronto, de la misma manera que se verán los resultados si tu liderazgo en proveer casa a tu familia, en procurar para tus hijos el vestido y la alimentación es bueno, regular, o malo.

Por dicha también, la tarea de señalarle sucesor a Moisés no era tarea de los israelitas. Si lo hubiese sido, todavía estarían tratando de ponerse de acuerdo. Era tarea de Dios. Dios es el que da el liderazgo espiritual, sea a una nación o a una familia. En aquel caso, Dios señaló al que habría de ponerse los inmensos zapatos de Moisés y ser el líder espiritual. Y para serlo en el hogar te ha escogido a ti.

La paternidad, ¿un producto natural?

Para muchos en nuestros días la paternidad es un producto de la naturaleza. Es de lo más sencillo: Llegas a la adolescencia y automáticamente empiezas a acercarte a la etapa en que hay que enamorarse y contraer matrimonio. Cuando todo se maneja dentro de los cánones éticos establecidos por Dios e implantados con mayor o menor rigidez por la sociedad, conoces a una muchacha, te enamoras, le pides que se case contigo, ella dice que sí, y te casas. De ahí a la llegada del primer hijo, hay solo un paso. Y ya estás convertido, además de en esposo, en padre y en jefe de hogar. Todo resulta como la «madre naturaleza» lo tiene previsto.

Pero, ¡un momento! No pases por alto lo que hemos dicho a lo largo de este libro. La institución matrimonial y el hogar como célula básica de la sociedad son un proyecto establecido y controlado por Dios. Nadie llega a la paternidad solo por mandato de la naturaleza sino porque Dios lo ha escogido para que sea líder de un segmento básico de la sociedad: la familia.

Si olvidamos a Dios, el concepto anterior es válido. Pero a Dios no podemos olvidarlo. Al crear al hombre Dios lo dotó de algunos mecanismos que pudieran dar la impresión de que se trata de simples reacciones hormonales o comportamientos espontáneos o reflejos. Pero no es así. Todo responde a un propósito superior. El hombre que llega al matrimonio lo hace para cumplir un liderazgo antes que nada espiritual con los integrantes de su familia, léase esposa e hijos, liderazgo que le ha sido dado por Dios, acéptelo o no.

Dios estuvo con Moisés siempre a lo largo de toda su vida de líder. Como ocurrió con Moisés ocurre con el padre. Solo que hay quienes prefieren seguir su propio plan e ignorar lo que Dios quiere hacer con ellos y a través de ellos. Eso sucede. Sucedió con los israelitas que vez tras vez se rebelaron, como individuos y como nación, y sucede con el hombre de finales del siglo XX por igual.

En los capítulos anteriores hemos usado casos de la vida real que nos hablan fuertemente de las consecuencias que puede tener en las vidas de nuestros hijos y de nuestras esposas una mala paternidad. Hemos visto cómo pequeñas criaturas, inocentes y totalmente a merced del tipo de liderazgo de su padre, vieron su felicidad tronchada y tuvieron que salir a enfrentar el mundo con un déficit pavoroso de amor, cariño, protección y formación. Vimos a padres que, sin voluntad para cambiar el rumbo que llevaban, insistieron en sus errores y terminaron en la ancianidad sufriendo las consecuencias de esos errores. Pero vimos también personas que, reaccionando positivamente al consejo oportuno que se les dio, decidieron desandar la porción equivocada de camino que habían hecho, retomar el rumbo correcto y lograr levantar una familia con hijos sanos física, emocional y espiritualmente.

Nunca olvides esto. Dios quiere hacer de ti el líder que siempre soñó que fueras y para lo cual te capacitó. Dios te ha dado los recursos que necesitas para cumplir en forma brillante tu papel de esposo y padre. Dios no deja solo a ningún padre con la difícil tarea de levantar una célula básica firme y fuerte. Dios dijo, «estaré contigo hasta el fin del mundo» y eso no es palabra hueca ni ocurrencia mía. No. A través de la historia, Dios ha cumplido todas y cada una de las promesas que ha hecho al hombre. Y esta también la cumple. Solo que, como dijo a Josué, «esfuérzate y sé valiente, no temas ni desmayes», también te dice a ti, «Esfuérzate. La empresa no es fácil, pero vale la pena. He puesto en tus manos la posibilidad de levantar una familia sana, fuerte y feliz. Si confías en mí, lo lograrás. Si me buscas, no tendrás falta de ningún bien. Esa arcilla que he puesto en tus manos, moldeable y dúctil está esperando que con amor, dedicación y esperanza la transformes en niños y niñas hermosos, en jóvenes saludables y en padres exitosos. Depende de ti».

Un líder y un liderazgo de altura

Cuando Dios escogió a Moisés para que liberara al pueblo de Israel de la esclavitud de Egipto, Moisés se resistió, declarándose incapaz de llevar a cabo la tarea encomendada. Dios tuvo que convencerlo con pruebas incontrarrestables de que él, Dios, estaría a su lado de modo que no tenía nada que temer.[1] No le prometió un lecho de rosas, ni le dijo que guiar al pueblo sería cosa fácil, pero sí le prometió no abandonarlo jamás, lo que significaba que de cualquiera situación difícil, Dios mismo lo rescataría, como en realidad ocurrió. Pero no se trataba simplemente de rescatarlo de apuros, sino de guiarlo por el mejor camino, precisamente, para reducir al mínimo las situaciones difíciles.

Eso mismo es lo que hace Dios con el padre de familia que confía en Él. Lo rescata de situaciones difíciles, pero más que eso, lo guía de forma que las situaciones difíciles se reduzcan al mínimo.

El nuevo líder, escogido para suceder a Moisés, ya había aprendido la lección. Sabía que Dios era fiel a sus promesas. Y que si Él lo involucraba en un trabajo tan duro como era el liderazgo espiritual de su pueblo, lo capacitaría para ejercerlo con eficiencia. Sabía,

---

1 Si deseas leer la cautivante historia de Moisés y el peregrinaje del pueblo israelita por el desierto, busca en tu Biblia el libro de Éxodo. La muerte de Moisés y el nombramiento de Josué como su sucesor los encontrarás en el libro de Deuteronomio capítulo 34 y en el libro de Josué, capítulo 1. El discurso de Josué al pueblo, donde reafirmó su lealtad a Dios, lo podrás leer en el último capítulo del libro de Josué.

además, que el trabajo no sería fácil y que tendría que vérselas con gente difícil y situaciones complicadas, con enemigos de adentro y enemigos de afuera, con amenazas sutiles y ataques frontales.

El nuevo líder se llamaba Josué. Josué había sido ayudante de Moisés, de modo que militarmente estaba preparado. Conocía las leyes, de modo que también lo estaba cívica y políticamente. Dependía de Dios, lo que, además, lo hacía espiritualmente apto. Pero por si algo de esto se le hubiere olvidado, Dios le dijo:

Nadie te podrá hacer frente en todos los días de tu vida; como estuve con Moisés, estaré contigo; no te dejaré, ni te desampararé. Esfuérzate y sé valiente; porque tú repartirás a este pueblo por heredad la tierra de la cual juré a sus padres que la daría a ellos. Solamente esfuérzate y sé muy valiente, para cuidar de hacer conforme a toda la ley que mi siervo Moisés te mandó; no te apartes de ella ni a diestra ni a siniestra, para que seas prosperado en todas las cosas que emprendas. Nunca se apartará de tu boca este libro de la ley, sino que de día y de noche meditarás en él, para que guardes y hagas conforme a todo lo que en él está escrito; porque entonces harás prosperar tu camino, y todo te saldrá bien. Mira que te mando que te esfuerces y seas valiente; no temas ni desmayes, porque Jehová tu Dios estará contigo en dondequiera que vayas.[2]

---

2   Si deseas conocer algunas de las hazañas acometidas por este líder de la historia bíblica, busca en tu Biblia el libro de Josué, en el Antiguo Testamento.

Josué cumplió como el líder espiritual de su pueblo. Y este hecho sin duda que tiene relevancia para los efectos de una consideración global de la historia del pueblo de Israel de hace unos 3.200 años. Pero lo que para nosotros es relevante y de primera importancia, es que él cumplió *como el líder espiritual de su familia.* ¿Cómo podemos saberlo? Los mismos anales bíblicos nos lo dicen. En la última parte del libro que lleva su nombre, Josué se dirige al pueblo en un discurso de importancia capital. Como dijimos más arriba, los israelitas fueron un pueblo contumaz, rebelde e idólatra. En una especie de desafío a su incredulidad y renuencia a ser fieles a Dios, Josué les dice: «*Y si mal os parece servir a Jehová, escogeos hoy a quien sirváis... pero yo y mi casa serviremos a Jehová*».

«Yo y mi casa». Josué hablaba no únicamente en nombre propio o del de su esposa. Hablaba en representación de toda su familia. Estaba interpretando el pensamiento de toda su descendencia. Le estaba diciendo al pueblo, y nos dice a nosotros, que allí no había desertores ni indiferentes. Allí todos, como una sola persona, estaban declarando pública y unánimemente su fidelidad a Dios.

Josué lanza este reto al pueblo cuando ya está en el ocaso de su vida. «Después de estas cosas murió Josué, hijo de Nun, siervo de Jehová, siendo de ciento diez años». A estas alturas, seguramente su familia ya estaba formada por hijos adultos, nueras y yernos, nietos y quizás hasta bisnietos. Pero en su afirmación de servicio a Dios los incluye a todos, lo que revela que nunca dejó de ser el líder espiritual de esa familia ampliada.

Liderazgo espiritual en la familia

Es notorio y preocupante el que en nuestra cultura latina el hombre pareciera rehuir cualquier contacto con la actividad cristiano-religiosa. Si observamos a las multitudes que acuden a los servicios religiosos cristianos regulares, sean de la confesión que sean, veremos que la mayoría son mujeres. La mujer busca a Dios, asiste a los templos, procura —bien o mal— cumplir con los preceptos de la iglesia o los mandamientos de la Biblia.

Para la opinión de muchos hombres, tales cosas son «asuntos de mujeres». El orar, el cantar cánticos espirituales, el sentarse en un banco de iglesia, el abrir una Biblia y leer algo de ella, el hablar de las cosas de Dios a los hijos, el confesar fidelidad a Jesucristo, «es de mujeres».

¿De dónde nace este comportamiento? No es fácil señalar una sola fuente. Si vamos a los orígenes del hombre, nos encontramos con que la caída de Adán y Eva en el Huerto de Edén, entre otras consecuencias funestas, destruyó el liderazgo del hombre en el hogar. Prueba de ello es el homicidio que cometió Caín contra su hermano Abel. Donde hay comportamientos de esa naturaleza es evidente que no hay un liderazgo paterno.

Otro factor es el hecho de que nuestra sociedad latina tiene a una mujer, la virgen María, como centro y pivote de su tradición religiosa. Partiendo de esta realidad, los sociólogos y antropólogos de la religión afirman que el hogar latino es un matriarcado, y que «detrás de todo hombre triunfador hay siempre una gran mujer».

Paradójicamente, sin embargo, la religión como

institución está dirigida por hombres, no por mujeres. Tanto en la iglesia católica como en la protestante y en el judaísmo, el liderazgo real, práctico, el de todos los días, lo ejerce el hombre. ¿Por qué, entonces, el jefe de hogar no imita el liderazgo del sacerdote o del pastor y ejerce el liderazgo espiritual en su familia?

Definitivamente, el hombre ha sido dotado de condiciones que lo hacen un líder innato. Como lo decimos en el capítulo uno, Dios creó al hombre. Le dio sus características propias y bien definidas: sentido de autoridad, voz de mando, capacidad de control, condición de líder, recursos mentales y físicos para ser gobernante y guerrero. El soplo de vida que recibió al ser creado es la propia vida de Dios. Puso en su mente agudeza para defender y proteger a su familia. Echó sobre sus hombros la responsabilidad de proyectar la imagen de Dios a sus hijos.

El hombre iberoamericano suele abstraerse de tal responsabilidad. Sencillamente la echa sobre los hombros de su esposa, que tiene entonces que cumplir un doble rol: el de madre y el de padre.

El hombre tiene la vida de Dios, y aun así, ha descuidado la vida de sus hijos, especialmente la vida espiritual

---

Cuando esta responsabilidad se entrega en manos de terceros, es peor. En muchos casos el padre entrega la responsabilidad de la formación espiritual de sus hijos al líder religioso. Cierto, Dios ha puesto a muchos líderes religiosos para que ejerzan tal función en bien de la comunidad, pero no puede pretenderse que sea el líder religioso el que asuma la responsabilidad primaria en el desarrollo espiritual de los niños de su comunidad. Él tiene su parte que hacer, y como tal debe ejercerla con la mayor dedicación y empeño, pero nunca podría tomar el lugar del padre en la intimidad del hogar.

Que quede claro: la célula básica de la sociedad es el hogar, no la iglesia. El hogar no debe girar en torno a la iglesia, sino la iglesia en torno al hogar. El hogar da solidez a la iglesia. La iglesia sirve a los miembros de la familia, se nutre de ellos, y los capacita para que cada hogar sea una célula activa que viva y promueva los valores cristianos. La iglesia, en retribución, se proyecta a la familia y ejerce su influencia bienhechora en medio de sus miembros, reforzando el trabajo que el padre, «sacerdote» de su hogar, lleva a cabo.

Falta un concepto claro de Dios

En mi experiencia pastoral y de consejería he descubierto que nuestro pueblo carece de un concepto claro de Dios. Por eso el padre latino ha renunciado al liderazgo espiritual que está llamado a ejercer en el seno de su familia.

Hay dos razones fundamentales. Una es imputable a los líderes espirituales de nuestras comunidades: la falta de instrucción bíblica.

La falta de instrucción bíblica da como resultado un conocimiento superficial del valor de la fe cristiana, conocimiento que es incompleto y distorsionado en cuanto a las implicaciones de dar a Jesús el lugar que se merece en la vida personal y de la familia.

El valor que se da a la fe cristiana
es incompleto y distorsionado
por el deficiente cumplimiento que
los líderes espirituales
hacen de su tarea

Nuestro pueblo es muy religioso pero lamentablemente está totalmente desorientado en cuanto a los verdaderos valores de la fe. Adora donde no debe y a quien no debe y busca donde no va a encontrar. Intenta satisfacerse con fantasías en lugar de buscar el oro refinado de la auténtica relación con Dios. En su ceguera espiritual, tiene a Dios como un ser insensible, a Jesús como un personaje histórico sin vigencia en el mundo actual, y a la iglesia como un lugar en el cual se refugian los pusilánimes, los inseguros y todos aquellos que necesitan de una muleta anímica para enfrentar los problemas de cada día.

La iglesia tiene mucha culpa en esto. Enfrascada en superficialidades y apariencias, la iglesia ha perdido credibilidad, enviando a las personas necesitadas por caminos errados en busca de algo que nunca encontrarán. No en balde proliferan los agoreros, los adivinos, los «maestros» de la bola de cristal que con el mayor de los cinismos anuncian por los medios masivos de comunicación que son los dueños de la verdad, que tienen la solución para todos los problemas, número premiado de la lotería de la próxima semana incluido. No en balde surgen las religiones falsas y los movimientos filosóficos que pretenden reemplazar al cristianismo.

La segunda razón la tenemos todoCuando se habla de prosperidad, por ejemplo, de inmediato se piensa en prosperidad monetaria. Sin embargo, la prosperidad monetaria, como lo señalamos en el capítulo 3, tiene un alcance limitado: no pasa más allá de las fronteras de la vida presente. Por más riqueza que el hombre acumule, nada podrá llevarse cuando parta de este mundo a encontrarse con Dios y a dar cuenta de la forma que ejerció la mayordomía sobre su tiempo, sus talentos, sus haberes... y su familia. Cuando alguien pretende satisfacer sus necesidades espirituales con recursos materiales, lo único que consigue es frustración. El espíritu y la materia pertenecen a planos distintos y me atrevería a decir que incluso no hay compatibilidad entre ellos.

Estemos claro en esto: la prosperidad que perdura toma en cuenta los valores espirituales. Es allí donde alcanza dimensiones trascendentes el liderazgo que el padre ejerce en el seno de su familia.

Nuestro concepto de Dios —afectado por el secularismo que anuncia a todos los vientos la supuesta indiferencia de Dios por el quehacer rutinario del hombre— se ve más debilitado aun por nuestra tendencia de verlo todo dentro del limitado contexto de nuestra realidad mezquina y simplista. La gente culpa a Dios por lo que no tiene. «No tengo dinero», «Mis hijos están enfermos, clamo a Dios y Dios no me escucha». Habla de suerte, de fatalismo. Se acusa a

Dios de ser un Dios indiferente y alejado, etéreo y desinteresado por lo que le ocurre. Sin embargo, se ignoran las promesas que el propio Dios le ha dado al hombre, muchas de las cuales tienen que ver, precisamente, con la posibilidad de encontrarlo cuando se le busque. «El que viene a mí», dijo Jesús, «no le echo fuera». Y también dijo, «Me buscaréis y me hallaréis cuando me busquéis de todo vuestro corazón».

Por tratar de «mejorar su suerte», la gente se atreve a probar muchas cosas. Se vuelve, por ejemplo, a los comerciantes más descarados de la ingenuidad y la necesidad de nuestro pueblo: los síquicos, adivinadores y chantajistas. Y antes que les den sus respuestas engañosas y sus predicciones falsas, ya les han sacado parte del dinero que necesitan para llevar alimento a la casa, para pagar la cuenta de la luz, o para comprar zapatos a los niños.

Quizás el más culpable de todos nuestros males, piensan algunos, es Satanás. En nuestra comunidad latina se habla más de Satanás, el fraudulento y engañador, que de Dios, el Todopoderoso y Padre lleno de misericordia. Usamos frases clisés tales como: «El diablo se me metió en el cuerpo», «el diablo se metió en mi hogar», «este niño es un demonio» y así, los hijos que se nutren de esta rutina diaria de exaltación al diablo, crecerán creyendo que el Diablo es más poderoso que Dios.

Para muchos de mis hermanos latinos, a Dios se le puede encontrar en la iglesia una vez a la semana, los domingos por la mañana. No está ni en la calle, ni en la casa, ni en el trabajo.

Es necesario que te quites de la mente todas esas ideas erradas. Necesitas tener un concepto claro de

Dios, y lo tendrás cuando te acerques a él. Sin embargo, cuídate de que tu acercamiento a Dios no sea como el de Jorge y Alicia, que buscaban una relación con Dios, pero no tenían el más elemental conocimiento del Hijo de Dios, el Señor Jesucristo. Cuando descubrieron a Jesús, entendieron que su adoración había estado incompleta. Comprendieron que su interés por lo espiritual cojeaba por una indiferencia absoluta hacia quien es el camino entre el hombre y Dios, a quien ellos no conocían. Cuando Jesús se reveló a sus vidas, les fue sencillo ir a Dios a través de Jesús. Comprobaron una vez más lo que Jesús dijo en cierta ocasión: «Nadie puede ir al Padre si no es por mí».

Cómo asumir el liderazgo espiritual en tu familia

Aunque te parezca extraño, recuperar, asumir, o reforzar —como sea tu caso en particular— el liderazgo espiritual en tu familia no es cosa imposible ni empresa titánica. Como he señalado desde el comienzo de este libro, el primer requisito es *querer hacerlo. Tener voluntad* de cambiar de rumbo. Si estás dispuesto a emprender la aventura, el resto del camino será fácil de andar. Veamos algunos otros elementos indispensables en el empeño de asumir el verdadero liderazgo espiritual que Dios quiere que tengas en tu familia:

1. Acepta tus errores. Reconoce que has descuidado el área más importante en la vida de tus hijos. Posiblemente has sido un buen proveedor, has honrado a tu esposa, has cuidado de tus hijos, pero no has provisto el liderazgo espiritual indispensable para

su realización completa. Al aceptar tus errores, pídele perdón a Dios. Si es del caso, dile, «Perdóname, Dios, porque nunca supe ni entendí que esta también era una responsabilidad que tú me habías dado. Mi padre no me lo enseñó y la vida me lo ocultó; pero ahora que lo sé, quiero ser fiel también en esto». Recuerda que Jesús nos enseñó a decir: «Padre nuestro que estás en los cielos, santificado sea tu nombre. Venga tu reino. Hágase tu voluntad, como en el cielo así también en la tierra. El pan nuestro de cada día dánoslo hoy. Y perdónanos nuestros pecados, porque también nosotros perdonamos a todos los que nos deben. Y no nos metas en tentación, mas líbranos del mal».

2. Pídele a Dios sabiduría. Pídele que te indique lo que tienes que hacer. Hay precisamente una invitación que Dios hace al hombre que quiere ser sabio. La invitación dice: «Si alguno tiene falta de sabiduría, pídala a Dios, el cual da a todos abundantemente y sin reproche, y le será dada».

Es importante señalar la diferencia que hay entre conocimiento y sabiduría, entre intelectualidad y sabiduría, entre erudición y sabiduría. El conocimiento, la intelectualidad y la erudición pertenecen al campo del intelecto; la sabiduría, en cambio, pertenece al campo espiritual. Lo primero, se puede lograr estudiando, asistiendo a la universidad o a una institución teológica, leyendo buenos libros. Lo segundo, es decir, la sabiduría, no la da nadie sino Dios.

Cuando Jesucristo invitó al apóstol Pedro a ser su discípulo, Pedro era un hombre sin letras que se ganaba la vida pescando en el lago de Galilea junto con su padre y sus hermanos. El apóstol Pedro caminó con Jesús y gradualmente fue llenándose de sabiduría, aunque posiblemente siguió sin tener muchos conocimientos intelectuales. Cuando sesenta y cuatro años después de la ascensión de Jesús, Pedro escribió su epístola universal, era un hombre de tal sabiduría, que al leer su carta resulta difícil reconocer como autor al tosco y humilde pescador de Galilea. Dios le había dado sabiduría.

Pide a Dios sabiduría, y Él te la dará abundantemente y sin reprocharte nada.

3. Descubre por ti mismo los alcances de tu liderazgo espiritual. A la luz de la sabiduría que Dios te dé, planifica tu función sin descuidar ningún aspecto. Al practicar este ejercicio, vas a descubrir a lo menos dos cosas: una, que las implicaciones son ilimitadas; y dos, que habrá Álguien contigo que te ayudará a enfrentar cualquiera situación, por más compleja que parezca ser. Y podrás comprobar que en ti se hace efectiva la promesa que Dios hizo a Josué: «No te dejaré ni te desampararé».

4. Busca una comunidad de fe. Posiblemente tu cambio de actitud determinará cambio de relaciones, de círculo de amistades. Si el sentido común te indica que tienes que buscar nuevos amigos, no vaciles en hacerlo. La imposibilidad de que pueda prosperar una relación entre personas con criterios dispares la planteó hace muchos años el profeta Amós cuando preguntó: «¿Andarán dos juntos, si no estuvieren de acuerdo?» ¡Imposible! De ahí que para desarrollar tu liderazgo espiritual te es absolutamente necesario relacionarte con personas que tengan tus mismas metas. Únete a una iglesia donde se honre el nombre de Dios y a su Hijo Jesucristo, donde pongan el énfasis en el hecho de que el hogar es la primera

responsabilidad del padre. Verás la forma positiva en que esas nuevas amistades influirán sobre ti y sobre la empresa que has acometido.

5. Únete a un grupo de padres que estén empeñados en honrar sus hogares y hacer grandes a sus familias. Si no conoces ninguno, inicia tú uno. Dios te puede usar como vehículo para que otros padres tengan también éxito en sus empresas familiares. Un grupo de padres así dará apoyo al más débil, al que se siente incapaz y que en algún momento siente que no podrá seguir adelante. Si haces esto, te encontrarás no solo esperando apoyo, sino dando apoyo a otros. Esto cambia absolutamente la perspectiva del esfuerzo que haces.

No un fanático religioso

Estamos terminando este recorrido por lo que yo he llamado *los siete pecados capitales del padre*. Como lo señalé en la introducción, creo que «hay un clamor generalizado por soluciones reales y urgentes» al problema de falta de liderazgo entre nuestras familias hispanas. Al exponer mi pensamiento, he sido cuidadoso en señalar fallas y soluciones sobre la base de mi fe en Dios y no como militante de tal o cual religión.

No es mi intención hacer de ti un fanático religioso. Si lo consiguiera y te vuelves fanático cuando termines de leer este libro, me sentiría muy preocupado. Estarías añadiendo un nuevo problema a los que ya tienes. No es mi intención crearte problemas, sino ayudarte a que superes los que has tenido como padre y esposo. El fanatismo religioso es muy peligroso y puede ser extremadamente dañino. Ha provocado miles de muertes de inocentes a través de la historia.

No necesitamos fanáticos religiosos en nuestro mundo hispano.

Lo que sí necesitamos es que descubras y llegues a conocer y a saber cómo explotar el tremendo potencial que Dios ha puesto en tu vida. Ojalá descubras que tienes los recursos para llegar a ser el padre más fenomenal que jamás te habías imaginado, que comprendas que tienes que acercarte al agua que da vida y que a Dios se le puede encontrar en el momento y lugar donde lo busques con sinceridad. Dios está en todo lugar y su oído está siempre atento al clamor de sus hijos. Si tú, como padre que quieres honrar el liderazgo que Él te ha dado lo buscas, Dios no solo se te revelará, sino que hará de ti lo que Él siempre quiso que fueras.

«Clama a mí», dijo Dios, «y te responderé, y te enseñaré cosas grandes y difíciles que tú no conoces». Y Jesús dijo, «Porque el que busca, halla; el que pide, recibe; y al que llama, se le abrirá».

Conclusión

En lugar de un discurso expositivo, que bien lo pudieras encontrar en cualquier lugar a lo largo de este libro, dedicaré la conclusión a resumir, capítulo por capítulo, los elementos más destacados que conforman cada uno de los pecados que el padre comete contra sus hijos. Luego de individualizarlos y señalar la página donde se encuentran, escribiré lo que el libro —textual o tácitamente— recomienda para modificar este cuadro.

El propósito al hacer esto es a lo menos doble: primero, que puedas encontrar con facilidad el lugar donde se tocan las cosas que pudieran estar dañando tu matrimonio y tu familia; y segundo, que tengas a la mano las recomendaciones específicas para cambiar el curso de tu vida.

¿Recuerdas uno de los puntos en el cual hemos insistido reiteradamente a lo largo de todo el libro? Para iniciar el proceso de cambio, se requiere que estés dispuesto a dar el primer paso. Y, por supuesto, que no solo estés dispuesto a darlo, ¡sino que lo des! En ese momento, *empieza a escribirse una nueva historia en la familia.*

Y a propósito de historia, no sería mala idea llevar un registro escrito del proceso de cambio que vayas experimentando y cómo estos van modificando el rostro de tu familia. Quizás eso que escribas pueda servirle a otros en el futuro. Uno nunca sabe cómo las experiencias personales, buenas o malas, pueden ayudar a que los que vienen detrás no tropiecen con la misma piedra.

Te desafío a que leas el libro y esta conclusión las veces que sea necesario, hasta que puedas identificar tu propia realidad y si, se requiere introducir cambios, a que lo hagas sin demora.

**Pecado número uno:
Maltratar a la madre de sus hijos**

- No tratar bien a la esposa, o tratarla con violencia y abuso (p. 19)

> *— La esposa, como la parte más frágil y delicada del matrimonio, debe ser tratada por el esposo con delicadeza, consideración, amor y respeto. La esposa es el complemento que Dios le dio al hombre para llevar adelante con éxito la empresa matrimonial. La participación justa y equilibrada de ambos les permitirá llegar a una meta feliz en la formación de su hogar.*

- • Exigirle que esté siempre dispuesta cuando quieres tener relaciones íntimas   (p. 22)

> *— Su estructura mental hace de la mujer un ser humano más sensitivo y delicado que el hombre. Por tanto, debenc onsiderarse esos atributos de su personalidad a la hora de las relaciones sexuales. Tratarla como un objeto que debe estar disponible para el hombre las veinticuatro horas del día es humillarla, violentarla y atentar seriamente contra la integridad del matrimonio.*

- Maltratarla delante de tus hijos o de otras personas (p. 22)

  — *Si tu esposa fue una mujer maltratada por un esposo insensible, y si aun sigue contigo, demuéstrale que —aunque sea en el crepúsculo de la vida— quieres darle el trato que ella siempre se mereció. Ámala y demuéstrale tu amor. Protégela y cuídala, que todavía hay tiempo para darle momentos de felicidad.*

- Darle órdenes como si fuera tu sirvienta (29)

  — *La esposa no funciona sobre la base de órdenes, gritos ni garrote. Ella dará todo de sí con amor y abnegación, siempre y cuando el esposo la respete y trate con consideración. El estilo de relación que caracterizó tu noviazgo nunca debe dejarse de lado.*

- Menospreciar su inteligencia (p. 32,33)

  — *Como parte complementaria del hombre, la esposa tiene atributos, agudezas y perspicacias que son valiosísimos e insustituibles para beneficio de la economía matrimonial. Ignorar sus capacidades es despreciar una riqueza invalorable de la cual el matrimonio puede disponer en forma permanente y en beneficio de las áreas de la vida conyugal.*

- Obligarla a tomar decisiones cuando ella no está segura de que sea lo mejor para la familia (p. 41)

— Por naturaleza, la mujer se somete al liderazgo del hombre; esto, sin embargo, no debe ser motivo para que el hombre la fuerce a hacer cosas que ella rechaza. Sea en el área que fuere, la mujer tiene el derecho de ejercer su propio criterio, el que muchas veces puede ser diferente al del esposo. En tal caso, éste debe respetar esos criterios y actuar en consecuencia.

• Obligarla a trabajar aunque con ello perjudiques la buena crianza de tus hijos (p. 42)

— La primera responsabilidad de la mujer en cuanto esposa es cuidar los hijos y velar por su normal crecimiento y desarrollo. En cuanto sea posible, esta tarea no debe ser objeto de interferencia; sin embargo, cuando las circunstancias lo exijan y la esposa tenga que trabajar, la participación del hombre en la atención de los hijos debe multiplicarse.

• Maltratarla como una forma de expresar tu rechazo del hijo en gestación (p. 56)

— En ningún caso el embarazo dentro del matrimonio puede decirse que es culpa de uno u otro de los cónyuges. Es débil e irresponsable el esposo que culpa a su esposa del embarazo. En cualquier caso, el bebé engendrado debe ser tratado y recibido como un regalo de Dios. Cuando el padre practica este principio, a su tiempo habrá de cosechar los beneficios de su actitud.

- Querer que ella se sienta satisfecha solo con la provisión de cosas materiales (p. 69)

    — Una de las incomprensiones más groseras del esposo es cuando pretende que su esposa se sienta satisfecha con las cosas que él aporta a la casa. La esposa merece mucho más que eso. Como un ser con una fuerte parte emotiva y espiritual, requiere que su cónyuge le exprese su amor con delicadeza y gracia.

- Abandonarla temporalmente para buscar mejores ingresos económicos lejos del hogar (p. 43)

    — Cuando el esposo se ausenta temporalmente de su hogar para mejorar sus ingresos, está causando a su esposa un daño doble. Por un lado, está echando sobre sus hombros la mayor parte de la responsabilidad del hogar. Por el otro, la está privando del apoyo que la presencia del esposo en casa significa para ella.

- Entregarle a ella las riendas del hogar (p. 116)

    — *El hombre ha sido dotado por Dios de los recursos necesarios para ser cabeza del hogar. Cuando renuncia a esa responsabilidad y la deja en manos de la esposa, está condenando a la familia a un fracaso seguro. Nadie puede ocupar el lugar del esposo en la tarea de ser cabeza del hogar.*

Pecado número dos:
Desatender a los hijos

- Encargar el cuidado de los niños a uno de ellos, mientras el padre y la madre pasan fuera de casa la mayor parte del tiempo (p. 43)

  — No hay sustituto posible para el padre (ni para la madre). El vínculo sanguíneo, genético, y por ende afectivo no puede ser reemplazado con nada ni con nadie (....82)

- Dar mayor importancia a las cosas que a las vidas de tus hijos (p. 44)

  — *Cuando un padre ama a sus hijos les da lo mejor de su tiempo u nunca deja que nada ni nadie tome su lugar, los cuida y protege (p. 37)*

- El aborto, aun como proyecto, es el primer acto de violencia que sufre un niño (p. 47)

  — *El hijo tiene todo el derecho al amor de su madre, y su padre debería esperarlo con un anuncio que diga: «Bienvenido, hijo. Te amamos».*

- Ausentarse de la vida del hijo, de modo que crezca, se forme y desarrolle sin tu presencia y compañía hace hijos inestables e inseguros (p. 43)

  — *Hay dos soportes que siempre deben estar presentes en el crecimiento de todo niño: el padre por un lado, y la madre por el otro. Cuando uno de ellos falla, se corre el riesgo de que ese niño crezca torcido (p. 82)*

- Maltratar físicamente y de palabra a tus hijos (p. 62)

— Los hijos necesitan corrección e incluso castigo; sin embargo, toda corrección y castigo deben hacerse en el contexto de un plan por darles la adecuada formación. Y siempre debe hacerse con amor y reflexión. Cuando los hijos entienden la razón de la corrección o el castigo, las medidas tendran un efecto positivo.

- No estar al tanto de las influencias que reciben los hijos: la televisión, revistas inconvenientes, amigos, pornografía, sexo que están recibiendo tus hijos (p. 71)

— *El padre debe detectar a tiempo las influencias internas y externas que están compitiendo con la suya en las mentes de los hijos. Para hacerlo, sin embargo, se requiere una relación normal y constante con los hijos.*

Pecado número tres:
Dar a los hijos cosas en lugar de amor

- Reemplazar el amor paternal por indiferencia, cosas, objetos o dinero (p. 54,55)

— *Todo el amor que el padre pueda dar a sus hijos, aun desde la época de gestación, habrá de* repercutir positivamente en el desarrollo de su carácter y personalidad. Los hijos necesitan grandes cantidades de amor para que tengan un sano sentido de intimidad y pertenencia en el hogar.

- Enseñar a los hijos que la meta final del hombre es la consecución de bienes materiales para la obtención de lo cual no hay regla de ética y moral que valga (p. 64)

  — Los bienes materiales tienen un valor relativo y absolutamente temporal. Además, por pertenecer exclusivamente al plano material de la vida, no pueden satisfacer necesidades espirituales. Se engaña quien quiere alimentar su alma con cosas.

- Cuando eres egocéntrico y buscas tu propia satisfacción, en lugar de la de tu familia (p. 70)

  — El padre que sabe anteponer a sus propias necesidades las de los demás, encuentra en esa práctica la más alta satisfacción espiritual. Ver a su esposa y a sus hijos felices es la forma en que su egoísmo languidece y su humildad se fortalece.

- Dar a los hijos acceso indiscriminado al televisor (p. 71)

  — Un control estricto, sostenido y planificado del acceso a la televisión es tarea primordial del *padre de hoy. El televisor es la fuente por donde puede correr agua dulce y agua salada, salud o enfermedad, virtudes y vicios, vida o muerte.*

• Cuando comparas a tus hijos con los hijos de otras personas (p. 75)

— *Nada hay más dañino que determinar la vida propia y la de los hijos sobre la base de la comparación. Los hijos son minimizados en sus valores reales cuando el padre los compara con las supuestas virtudes de otros. Y, a la inversa, se fortalecen en su autoestima cuando se les incentiva y alienta a desarrollarse como personas normales. Recuerda: Dios no hace copias. Solo hace originales.*

Pecado número cuatro:
Desproteger el círculo familiar

• Abandonar temporal o definitivamente a los hijos (p. 88).

— *Al criar a sus hijos, el padre debe tener presente que esos niños habrán de crecer y llegarán a su vez a ser padres. Y que la atención que se les brindó en sus años de desarrollo habrá de determinar en forma importante su comportamiento como padres.*

• Abrir las puertas del círculo familiar íntimo a la presencia e influencia de personas extrañas (p. 92)

— *El círculo familiar fija la valla entre lo sagrado y lo profano. El terreno sagrado de la familia es el lugar donde se entienden únicamente papá, mamá y los hijos. Es allí donde se tratan asuntos exclusivamente de ellos. La presencia de otras personas, por muy queridas que sean, viola lo sagrado del círculo.*

- Cuando dejas a tu familia sin gobierno, a la deriva (p. 95)

— *La estructura que rige el funcionamiento del hogar no fue establecida caprichosamente por el azar, sino que responde al orden fijado por Dios mismo. Dios ha dado a cada miembro de la familia un papel específico que desempeñar. El del padre es ser cabeza del hogar.*

- Cuando compartes la intimidad de tu hogar con otras familias, muchas veces desconocidas (p. 98)

— *El hogar y la casa deben ser territorio inviolable. No hay ninguna razón de más peso que la salud moral, física y emocional de los hijos que amerite compartir la casa con personas que bien pueden ser agentes de maldad que destruirán para siempre las vidas de los miembros de la familia. El padre debe ser extremadamente cuidadoso en vigilar este aspecto en la vida de su familia.*

- Cuando das por ciertas cosas que no lo son (p. 99)

— *En el control y vigilancia del hogar, nunca el padre debe dar por cierto nada. Hacerlo es correr el riesgo de equivocarse, con resultados que pueden ser muy dolorosos. Asegúrate de cada cosa relacionada con tus hijos y tu hogar.*

Pecado número cinco:
Soltar las riendas del hogar

- Tomar decisiones bajo la influencia de la ira

— *Si en un momento de impaciencia el padre toma acciones contra sus hijos que luego bajo el análisis reposado parecen injustas, debe apresurarse a pedir disculpas y a dar cualquier otro paso que sea necesario. De esa manera estará conservando las riendas del hogar ante los ojos de sus hijos. Errar es humano.*

- Entregar el liderazgo a la esposa o simplemente dejar acéfala a la familia (p. 116)

— Debido a que el hombre ha sido dotado de las habilidades para ejercer el liderazgo en su familia, al no hacerlo experimenta frustraciones y fracasos que al final terminan por hacer del padre una persona amargada e insatisfecha de la vida.

- Entregar a la esposa la responsabilidad de castigar a los hijos (p. 117)

— La cesión de este derecho por parte del padre atenta gravemente contra la salud del hogar y el adecuado desarrollo de los hijos. Si bien la madre puede castigar —en una acción que respaldan la función del esposo—, es éste quien debe conservar siempre el control de esa facultad.

- Cuando ejecutas el castigo sin una previa reflexión o una adecuada planificación (p. 118-119)

— El padre que planifica su trabajo como jefe del hogar debe ser extremadamente cuidadoso en el castigo a sus hijos. Lo más recomendable es planificar también esta área de modo que el procedimiento alcance sus propósitos de modificar conductas y no sea, simplemente, una acción punitiva sin otra finalidad que castigar por castigar.

- Reaccionar ante hechos consumados (p. 121)

— En la tarea de mantener el control de su hogar, el padre debe ser proactivo (prevenir, anticiparse a los acontecimientos) y no reactivo (actuar después que algo ha sucedido). El padre proactivo se evitará muchos problemas, y los evitará a su esposa y a sus hijos.

- Traer hijos al mundo como una acción natural refleja (p. 158)

— Normalmente, los hijos vienen al mundo como un acto de amor y un deseo compartido de formar

una familia. Esto significa que el padre debe estar —desde antes que sus hijos nazcan— junto a ellos. Y no dejarlos jamás. Esta actitud le garantizará una vejez feliz, rodeado de su descendencia (Génesis capítulo 49).

• Descuidar las fronteras del hogar (p. 126)

— Las fronteras del hogar son los hijos. Si se pierde el control de ellos, el hogar cae y se pierde la familia. Esta es la ley que destruye imperios y que también destruye hogares. Nunca se hará demasiado para proteger las fronteras de la familia.

Pecado número seis:
Autodestruir su imagen de padre

• Por la autodestrucción de tu imagen como padre, lanzar a tus hijos a la búsqueda de otros héroes que resultan tener los pies de barro (p. 140)

— Es normal que los hijos busquen en su padre al héroe que desean admirar. El padre debe construir esta imagen sobre la base de la verdad, la honestidad, el cariño y la protección; y, además, la presencia permanente con ellos.

• La ausencia, la debilidad y la actuación después de ocurridos los hechos (p. 141)

— La presencia del padre en el seno de su familia

debe ser más que física debe hacerse sentir mediante la forma de interés por lo que hacen sus hijos dentro y fuera de casa. El padre debe aplicar con regularidad y firmeza las leyes establecidas dentro del hogar, y debe percatarse con anticipación de cualquier problema y evitar que ocurra.

Pecado número siete:
Renunciar al liderazgo espiritual

- No tener conciencia de que el liderazgo espiritual en el hogar es la prioridad número uno del padre (p. 143)

  — *Dios ha entregado al hombre la tarea de ser guía espiritual de su hogar. Es Dios quien ha establecido la célula básica del hogar y la familia; y el esposo y padre que llega a serlo, lo es porque Dios así lo ha establecido, y no la casualidad o el azar.*

- Sentirte incapaz o desprovisto de los medios para ejercer el liderazgo espiritual (....146)

  — *Si lo anterior es verdad —y sí que lo es— Dios provee al padre los recursos para ejercer el liderazgo espiritual que le ha entregado. Como le dijo a Josué miles de años atrás, te dice hoy a ti: «Como fui con Moisés, seré contigo. No te dejaré». Cree en esta promesa, y el poder de Dios se hará realidad en tu vida.*

- Entregar el liderazgo espiritual al líder religioso de la comunidad (p. 157)

   — *El líder espiritual de la comunidad trabaja con el hogar, con las familias. Estos dan consistencia a la iglesia, y esta capacita al padre para que ejerza el adecuado liderazgo en el interior de su propia familia. Este es el orden que Dios estableció.*

- Carecer de un concepto claro de Dios (p. 166-167)

   — *Dios, como muchos creen, no es una fuerza inmanente pero ajena a la vida del hombre. Él está muy cercano a nosotros y quiere preservar a toda costa lo que Él mismo ha creado: la familia, el hogar, el matrimonio. Dios nos escucha y nos responde. Además, nos ama con un amor imposible de comprender en toda su magnitud.*

- Falta de conocimiento de las cosas superiores y del verdadero sentido de la fe cristiana (p. 170-173)

   — *Busca una comunidad de fe donde encuentres la orientación adecuada para llegar a tener el conocimiento necesario para dar sentido profundo y completo a tu matrimonio y a tu papel de líder espiritual de tu familia. Lee la Biblia porque por su lectura llegarás a conocer el corazón de Dios.*

Si el Supremo Creador
te da un hijo, ¡tiembla!
por el sagrado depósito
que te confiere.
Haz que ese hijo
hasta los diez años te admire,
hasta los veinte te ame
y hasta la muerte te respete.
Sé para ese hijo
hasta los diez años su padre
hasta los veinte su maestro
y hasta la muerte su amigo.[1]

---

1   Llegó a las manos de mi esposa en la forma de un pequeño
    poster sin la identificación del autor.